PALABRAS Y FRASES EN INGLÉS

BUNDLE LENGUA INGLESA

Aprende a hablar inglés de una forma divertida y fácil en tan solo 30 días

CONTENTS

INTRODUCCIÓN		**6**
SECCIÓN I EJERCICIOS DE GRAMÁTICA		**7**
LECCIÓN 1:	BUENOS DÍAS Y ADIÓS	8
LECCIÓN 2:	EL PERRO Y UN GATO	16
LECCIÓN 3:	PERRO CAFÉ, GATO NEGRO	27
LECCIÓN 4:	EL CAMINO DE LADRILLOS AMARILLOS	36
LECCIÓN 5:	SER O ESTAR	46
LECCIÓN 6:	TENGO TU AMOR	59
LECCIÓN 7:	UNO, DOS, TRES	65
LECCIÓN 8:	SABER ES SABER QUE NO SABES NADA	75
LECCIÓN 9:	HABLANDO DE LO CUAL	82
LECCIÓN 10:	¿QUÉ HORA ES?	93
LECCIÓN 11:	LECCIÓN 11. SÍ, SEÑOR. NO SEÑOR	105
LECCIÓN 12:	TÚ, USTED Y USTEDES	115
LECCIÓN 13:	ME GUSTAN LAS MANZANAS	124
LECCIÓN 14:	PREPOSICIONES	132
LECCIÓN 15:	MI LIBRO ES MEJOR QUE TU LIBRO	137
SECCIÓN II ORACIONES, FRASES Y PALABRAS EN INGLÉS		**146**
LECCIÓN 16:	COMENZANDO A COMUNICARTE	147
LECCIÓN 17:	CONEXIONES	153
LECCIÓN 18:	EN EL RESTAURANTE Y DE COMPRAS	162
LECCIÓN 19:	VIAJES Y TRANSPORTE	171
LECCIÓN 20:	NECESIDADES SANITARIAS Y EMERGENCIAS	175
LECCIÓN 21:	DICHOS EN INGLÉS	179
SECCIÓN III CUENTOS EN INGLÉS		**183**
RESPUESTAS		**210**

DISCLAIMER NOTICE:

INTRODUCCIÓN

¡Bienvenido a "Palabras y frases en inglés!" Este libro será tu compañero indispensable en el fascinante viaje hacia el dominio del idioma inglés. ¿Listo para embarcarte en una aventura lingüística llena de descubrimientos y nuevas habilidades? ¡Entonces estás en el lugar adecuado!

Imagina abrir las puertas hacia un mundo donde cada palabra es una llave que te permite comunicarte con confianza y fluidez. Te guiaremos paso a paso, desde los conceptos básicos hasta las expresiones más coloquiales, para que te sumerjas en el inglés conversacional con total destreza.

Cada página está cargada de palabras y frases esenciales cuidadosamente seleccionadas para enriquecer tu vocabulario y ampliar tus horizontes lingüísticos. ¿El resultado? Una comunicación más clara, una comprensión más profunda y una confianza que crece con cada palabra que aprendes.

Entonces, ¿estás listo para desbloquear las puertas del inglés y sumergirte en un mundo de posibilidades infinitas? Let's begin! (**¡Vamos a empezar!**)

¡Espera! Antes de empezar,tenemos una sorpresa para ti. Hay contenido extra al final del capítulo 2, justo antes de que comience el 3. ¡Adelante, échale un vistazo! ¡Disfrútalo!

SECCIÓN I :
EJERCICIOS DE GRAMÁTICA

LECCIÓN 01:

BUENOS DÍAS Y ADIÓS

1.1 Pronombres Personales de Sujeto

El aprendizaje de cualquier idioma comienza por la introducción a los pronombres personales.

En español, algunos de ellos son: "yo", "tú", "él" y "ella". Estos pronombres nos ayudan a identificar quién está llevando a cabo la acción en una frase, ¡y son esenciales en cualquier conversación cotidiana!

Los pronombres también nos ayudan a describirnos a nosotros mismos, a otras personas y a situaciones.

Ellos son:

Pronombre Personal de Sujeto	Pronunciación	Traducción
I	[ai]	Yo
You*	[yu]	Tú (informal, singular)
He (masculino)	[ji]	Él
She (femenino)	[shi]	Ella
It†(neutro)	[it]	Esto/Eso
We*	[wi]	Nosotros / Nosotras
You all	[yu ahl]	Ustedes / Vosotros/vosotras
You	[yu]	Usted (formal, singular)
They**	[dey]	Ellos / Ellas

*En inglés, utilizamos el pronombre "you" para todos los casos. No hay diferencia entre "tú" y "usted".

**Se utiliza "they", "we" y "you" tanto para femenino como para masculino

➲ Se usa "it" para designar a objetos, animales extranjeros, y lugares.

> *Por ejemplo:* Es un gato gris. → *It* is a gray cat (no sabemos el género)

> Ella es una gata gris. → *She* is a gray cat. (sabemos el género)

➲ Cuando hablamos con más de una persona, usamos palabras diferentes. En español, tenemos "ustedes". En inglés, utilizamos frases como "you all", "you guys", o "y'all". Estas frases significan que estamos hablando con un grupo de personas, no solo una persona.

> *Por ejemplo:* Ustedes están comiendo. → You all are eating.

¿Listo para practicar? ¡Vamos!

1.1 Práctica

A. Traduce los siguientes pronombres.

1. Nosotras: _____
2. Él: _____
3. Ellas: _____
4. Usted: _____
5. Tú: _____
6. Ellos: _____
7. Nosotros: _____
8. Es: _____
9. Yo: _____
10. Ella: _____
11. Ustedes: _____

B. Escribe el pronombre correspondiente.

1. _____ am going to your house. (*Yo voy a tu casa.*)
2. _____ are your friends. (*Nosotros somos tus amigos.*)
3. _____ are the best. (*Ustedes son los mejores.*)
4. _____ are men. (*Ustedes son hombres.*)
5. _____ are friends. (*Ellas son amigas.*)
6. _____ are a woman. (*Tú eres mujer.*)
7. _____ are a lawyer. (*Usted es un abogado.*)
8. _____ is a boy. (*Él es un niño.*)
9. _____ are athletes. (*Ellos son atletas.*)
10. _____ is an elephant. (*Es un elefante.*)

C. Reemplaza los nombres en las oraciones en inglés y en español, con el pronombre correspondiente.

1. (Matthew) _____ is getting married to Jane.

   (_____ se va a casar con Jane.)

2. (Matthew and Jane) _____ are getting married in a church.

   (_____ se van a casar en una iglesia.)

3. (Louise and you) _____ are invited to the wedding.

   (_____ están invitados a la boda.)

4. Do (Louise and you) _____ want to go to the wedding?

   (¿_____ quieren ir a la boda?)

5. (Thomas and I) _____ have a surprise for Matthew and Jane.

   (_____ tenemos una sorpresa para Matthew y Jane.)

6. (Oliver) _____ lives in Dallas.

   (_____ vive en Dallas.)

7. (Julia) _____ lives in England.

   (_____ vive en Inglaterra.)

8. (Helena and Martha) _____ are traveling to Australia.

   (_____ van a viajar a Australia.)

9. (The cat) _____ is very clean.

   (_____ muy limpio.)

10. (Oliver and Julia) _____ are friends.

    (_____ son amigos.)

Formal e informal

Como lo hemos visto, en inglés, tú (informal, singular) y usted (formal, singular) se traducen como "you". Entonces, la distinción entre la manera formal e informal de hablar no se puede hacer solo con el uso de los pronombres.

Sin embargo, hay diferentes formas principales de diferenciar el lenguaje formal e informal como:

➲ Uso del vocabulario

➲ Saludos y expresiones de cortesía

Por ejemplo:

INFORMAL: **Thanks, bud.** (*Gracias, compa.*)

FORMAL: **Thank you, sir.** (*Gracias a usted, señor.*)

              ¿Cuándo usar el formal y cuándo usar el informal?

El inglés formal se utiliza en situaciones escritas o conversaciones oficiales. Lo escrito lo encontrarás en libros, comunicados, presentaciones laborales y cartas oficiales, entre otros. Este registro es menos común al oral, pero puede escucharse en los noticieros y discursos oficiales.

En la vida real, el inglés informal es el más utilizado, pues está presente en discursos o escritos improvisados. Algunos ejemplos son: una conversación con tu vecino, una llamada telefónica, una plática con amigos, un comentario en redes sociales o un correo o carta personal.

1.2 Saludos

Como ya hemos dicho, la elección de palabras variará en función de la formalidad de la situación. Esto no aplica a los pronombres, pero sí se puede ver a través de intercambios más largos, como los saludos y expresiones de cortesía.

En inglés, la formalidad y la informalidad también importan. Por ejemplo, probablemente no entrarías en una reunión formal con tu jefe y dirías, "Hey, what's up?" (*Ey, ¿qué onda?*).

Existen diferentes saludos para diferentes tipos de situaciones. Las palabras pueden significar esencialmente lo mismo, pero las opciones transmiten cuán familiarizado estás con la persona o las personas a las que te diriges.

Saludo informal

Considera el siguiente saludo informal entre Linda y Jason, dos jóvenes compañeros de piso que van a la misma universidad. Como ambos son compañeros, utilizarán un lenguaje informal entre ellos, aunque no sean tan amigos. Esto se debe a que probablemente tengan la misma edad y además compartan la misma ocupación, ser estudiantes.

Linda: Hi, Jason.
          (Hola, Jason.)

Jason: Hi, Linda. How's it going?
          (Hola, Linda. ¿Cómo te va?)

Linda: Good. And you?
          (Bien. ¿Y tú?)

Jason: Very good. Later!.
          (Muy bien. ¡Hasta luego!)

Saludo formal

Veamos ahora un saludo formal entre Mr. Ortega y Mrs. Anderson. Mr. Ortega es guardia de seguridad en el edificio de Mrs. Anderson. Aunque ambos son de mediana edad, utilizarían un lenguaje formal entre ellos, ya que no se conocen bien y no son exactamente compañeros.

Mr. Ortega:	Good afternoon, Mrs. Anderson. *(Buenas tardes, señora Anderson)*
Mrs. Anderson:	Good afternoon, Mr. Ortega. How are you? *(Buenas tardes, señor Ortega. ¿Cómo está?)*
Mr. Ortega:	Very good, thank you. And you? *(Muy bien, gracias. ¿Y usted?)*
Mrs. Anderson:	Very good, thank you. Goodbye. *(Muy bien, gracias. Adiós.)*
Mr. Ortega:	See you later. *(Hasta luego)*

Tanto los saludos informales como los formales dicen esencialmente lo mismo, pero en el intercambio formal se utilizan palabras diferentes para expresar cortesía. Sin embargo, algunas palabras y frases seguirán siendo las mismas: podrás decir "good" o "very good" para decir que te va bien o muy bien y, en ambos casos, seguirás diciendo "goodbye" para despedirte.

Vocabulario: Saludos informales

Saludo	Pronunciación	Traducción
Hi	*[hai]*	Hola
How's it going?	*[hauz iht go-ihng]*	¿Cómo te va?
Good	*[good]*	Bien
And you?	*[ahnd yu]*	¿Y tú?
Very good	*[veh-ri good]*	Muy bien
Good bye	*[good-bai]*	Adiós
Later	*[ley-duhr]*	Hasta luego
Bye	*[bai]*	Bye / Chao

"How's it going?" y "Later" son expresiones de saludo que se utilizan en situaciones informales, con personas a las que conoces bien y a las que puedes tutear.

¿Sabías esto? Cuando escribimos una pregunta en inglés sólo debemos agregar el signo de interrogación (?) al final.

Vocabulario: Saludos formales

Saludos formales	Pronunciación	Traducción
Good morning	*[good mor-nihng]*	Buenos días
Good afternoon	*[good ahf-duhr-nun]*	Buenas tardes
Good evening, Good night	*[good iv-nihng, good nait]*	Buenas noches
Mister (Mr.)	*[mihs-tuhr]*	Señor (Sr.)
Misses (Mrs.)	*[mihs-ihz]*	Señora (Sra.)
Miss (Ms.)	*[mihs]*	Señorita (Srta.)
How are you?	*[hau ar yu]*	¿Cómo está?
And you?	*[ahnd yu]*	¿Y usted?
See you later	*[si yu ley-duhr]*	Hasta luego
See you tomorrow	*[si yu tuh-ma-ro]*	Hasta mañana
Have a nice day	*[hahv ey nays dey]*	Ten un bonito día
I'm happy to see you	*[aym hah-pi tuh si yu]*	Un gusto en verte

*¿Sabías esto? Utilizamos el saludo "good night" para desear buenas noches antes de irnos a dormir y "good evening" para saludar a otras personas durante la noche.

1.3 Formas de cortesía

A continuación, encontrarás las palabras y frases "mágicas" que te ayudarán a dirigirte a los demás con educación en la vida cotidiana. Asegúrate de siempre decir "please" y "thank you" en inglés, igual que como lo haces en español.

Formas de Cortesía	Pronunciación	Traducción
Thanks / thank you	*[thahngks, thahngk yu]*	Gracias
Thanks a lot / thank you very much	*[thahngks uh lat, thahngk yu veh-ri muhch]*	Muchas gracias
You're welcome	*[yuhr wehl-kuhm]*	De nada
Please	*[pliz]*	Por favor
I'm sorry	*[aim sohr-ree]*	Perdón/ Lo siento
Pardon me	*[par-dihn mi]*	Con permiso / permiso (pedir permiso para atravesar un grupo de personas)

Formas de Cortesía	Pronunciación	Traducción
Don't worry	[doh-nt wuri]	No se preocupe
It's nothing	[ihds nuh-thihng]	No es nada
Excuse me	[ehk-skyuz mi]	Disculpe (para llamar la atención de alguien o disculparte por algo que has hecho)
My pleasure	[mai pleh-zhuhr]	Un placer (para decir de nada)
No problem	[no prab-luhm]	Sin problema (para decir de nada)

¡Es hora de practicar! ¿Estás listo?

1.3 Práctica

A. Elige la respuesta más adecuada de la columna a la derecha para los siguientes saludos y expresiones

1. Thank you very much! _____ a. Hello
2. Good morning _____ b. You're welcome
3. I'm sorry _____ c. Good, and you?
4. How's it going? _____ d. No worries
5. Goodbye _____ e. Bye
6. Good evening. How are you? _____ f. Good morning. How are you?
7. Have a nice day! _____ g. See you later
8. Hi _____ h. Very good, and you?
9. Thanks _____ i. You too
10. Later _____ j. No problem

B. ¿Qué saludo sería el más apropiado en estás ocasiones? Coloca una F o una I dentro del paréntesis indicando si es formal o informal.

(_____) 1. Laura y Matthew son colegas que se encuentran a tomar un café a las 2.00 p.m.

(_____) 2. Mary y su jefe tienen una reunión a las 7.00 a.m.

(_____) 3. Tú y tu amigo se van a dormir a las 12.00 a.m.

(_____) 4. Joe y Ann, compañeros de trabajo, se encuentran para cenar a las 10.00 p.m.

(_____) 5. Tú y tu profesor de Matemáticas tienen una tutoría a las 11.00 a.m.

C. ¿Qué dirías en cada una de estas situaciones? Elige una frase de la columna derecha. Algunas pueden repetirse. Coloca la letra correspondiente dentro del paréntesis.

1. (_____) Te tropiezas accidentalmente con una persona en la calle.	
2. (_____) Intentas salir a duras penas de un metro abarrotado.	
3. (_____) Un camarero se disculpa por derramar agua sobre tu camisa.	a. Excuse me
	b. You're welcome
4. (_____) Intentas llegar al pasillo del cine para ir al baño.	c. Pardon
5. (_____) Intentas llamar la atención de la cajera en el supermercado.	d. Don't worry
	e. Sorry
6. (_____) Quieres pedir permiso para pasar al que está frente a ti.	
7. (_____) Una anciana te da las gracias por ayudarla a cruzar la calle.	

D. Une la respuesta más adecuada a las siguientes afirmaciones y preguntas:.

Coloca la letra correspondiente dentro del paréntesis.

1. Thank you very much (_____)   a. See you later
2. How's it going? (_____)   b. You're welcome
3. How are you? (_____)   c. Good, and you?
4. Goodbye (_____)   d. Don't worry
5. Excuse me (_____)   e. Very good, thank you

E. Completa el siguiente diálogo con el saludo o frase adecuada.

a. TÚ: Hello, Martin, _____?
b. MARTIN: Good, thank you, _____?
c. TÚ: Very _____.
d. MARTIN: Good to hear (¡Qué bueno!). _____ later. Goodbye.
e. TÚ: _____.

LECCIÓN 02:
EL PERRO Y UN GATO

2.1 Sustantivos

Sustantivo singular

Utilizamos los sustantivos para referirnos a personas, objetos, animales, figuras y lugares. Cuando se aprende un idioma nuevo, es importante aprender los sustantivos ya que con ellos podemos formular oraciones. Algunos sustantivos en inglés son los siguientes:

Cat	*Box*	*Garden*	*Day*	*Man*	*Circle*
Gato	Caja	Jardín	Día	Hombre	Círculo

En inglés, los sustantivos no tienen género, por lo que no se diferencian entre femenino y masculino como en español.

Sustantivo plural

Sabemos que en español el plural se construye agregando una -s al final de las palabras. Por ejemplo, libro → libros.

Esta también es una forma de hacerlo en inglés. Aquí algunos ejemplos:

Sustantivo Singular	Sustantivo Plural	Traducción
Book	books	libro / libros
Cat	cats	gato / gatos
Chair	chairs	silla / sillas
Computer	computers	computadora / computadoras
Dog	dogs	perro / perros
Pen	pens	pluma / plumas
Phone	phones	teléfono / teléfonos
Shoe	shoes	zapato / Zapatos
Table	tables	mesa / mesas
Tree	trees	árbol / árboles

La regla anterior no aplica para todos los sustantivos en inglés, pero existen otras seis maneras de transformar un sustantivo singular a plural.

1. A los sustantivos que terminan en '-s', '-x', '-z', '-ch' y '-sh', debemos agregarles '-es' al final para construir el plural. Algunos ejemplos son:

Sustantivo Singular	Sustantivo Plural	Traducción
Beach	beaches	playa / playas
Box	boxes	caja / cajas
Brush	brushes	brocha / brochas
Class	classes	clase / clases
Couch	couches	sillón / sillones
Dish	dishes	plato / platos
Fish	fishes*	pez / peces
Fox	foxes	zorro / zorros
Topaz	topazes	topacio / topacios

*El plural de "pez" es "fish" pero también puede ser "fishes" cuando nos referimos a distintas especies de peces o en astrología, al hablar del signo de piscis. Por ejemplo:

There are a lot of species of fishes in the ocean. (Hay muchas especies de peces en el océano)

2. Cuando los sustantivos terminan en '-y' luego de una consonante, el plural se construye sustituyendo la '-y' por '-ies'. Por ejemplo:

Sustantivo Singular	Sustantivo Plural	Traducción
Baby	babies	bebé / bebés
Candy	candies	dulce / dulces
City	cities	ciudad/ciudades
Lady	ladies	dama / damas
Story	stories	historia / historias

3. Para aquellos sustantivos singulares que terminan en '-f' o '-fe', debemos cambiar el final a '-ves'. Por ejemplo:

Sustantivo Singular	Sustantivo Plural	Traducción
Chef	*chefs	chef de cocina / chefs de cocina
Cliff	**cliffs	acantilado / acantilados
Knife	knives	cuchillo /cuchillos
Leaf	leaves	hoja de árbol / hojas de árbol
Loaf	loaves	un trozo de / trozos de
Wife	wives	esposa / esposas
Wolf	wolves	lobo / lobos

*Hay algunas palabras que terminan en 'f' a las que solo debemos agregarles una 's' para hacerlas plural.

**A las palabras que terminan en 'ff' solo debemos agregarles una 's' para hacerlas plural.

4. Para sustantivos que terminan en '-o', tenemos dos alternativas, a unos se les debe agregar '-es' y a otros sólo '-s'. Por ejemplo:

Sustantivo Singular	Sustantivo Plural	Traducción
Echo	echoes	eco / ecos
Hero	heroes	héroe / héroes
Photo	photos	foto / fotos
Mango	mangoes	mango / mangos
Pianos	pianos	piano / pianos
Potato	potatoes	papa / papas
Radio	radios	radio / radios
Studio	studios	estudio / estudios
Tomato	tomatoes	tomate / tomates
Video	videos	video / videos

5. También existen sustantivos conocidos como "irregulares", ya que al transformarse al plural cambian bastante. A estos deberás aprenderlos de memoria y una buena manera de hacerlo es realizando los ejercicios que te proponemos. Algunos sustantivos plurales irregulares son:

Sustantivo Singular	Sustantivo Plural	Traducción
Child	children	niño(a) / niños(as)
Foot	feet	pie / pies
Goose	geese	ganso / gansos
Man	men	hombres
Mouse	mice	ratón /ratones
Person	people	persona / personas
Tooth	teeth	diente /dientes
Woman	women	mujeres

6. Finalmente, hay sustantivos que no cambian al transformarlos de su forma singular a la forma plural (también entran en el grupo de irregulares). Por ejemplo:

Sustantivo Singular	Sustantivo Plural	Traducción
Deer	deer	venado / venados
Fish	fish*	pez / peces
Moose	moose	alce / alces
Sheep	sheep	borrego / borregos
Species	species	especie / especies

*Es la forma más aceptada para referirse a los peces fuera de un contexto científico.

¡No más teoría! ¡Divirtámonos practicando!

2.1 Práctica

A. Escribe la forma plural de los siguientes sustantivos singulares.

1. Book → _____
2. Mouse → _____
3. Child → _____
4. Tooth → _____
5. Man → _____
6. Woman → _____
7. Leaf → _____
8. Tomato → _____
9. Country → _____
10. Penny → _____

B. Escribe la forma singular de cada sustantivo.

1. Radios → _____
2. Potatoes → _____
3. Watches → _____
4. Women → _____
5. Geese → _____
6. Churches → _____
7. Taxis → _____
8. Tables → _____
9. Heroes → _____
10. Glasses → _____

C. Completa las siguientes oraciones en inglés y en español, con la forma plural correcta del sustantivo entre paréntesis.

1. My sister has two _____ (child).
    (Mi hermana tiene dos _____.)
2. The _____ (tree) in this forest are very tall.
    (Los _____ en este bosque son muy altos.)
3. She bought six _____ (apple) at the store.
    (Ella compró seis _____ en la tienda.)
4. The _____ (lion) in the zoo were roaring loudly.
    (Los _____ estaban rugiendo fuerte en el zoológico.)
5. The _____ (fish) in the ocean are a diverse group of creatures.
    (Los _____ en el océano son un grupo diverso de criaturas.)

6. We saw five _____ (airplane) in the sky.

   (Nosotros vimos cinco _____ en el cielo.)

7. They collect _____ (car).

   (Ellos coleccionan _____.)

8. The _____ (kid) in the park were playing with a ball.

   (Los _____ estaban jugando con la pelota en el parque).

9. The _____ (chicken) on the farm were making a lot of noise.

   (Los _____ en la granja hacen mucho ruido.)

10. The _____ (flower) in the garden are blooming.

    (Las _____ en el jardín están floreciendo).

D. Completa las siguientes oraciones en inglés con la forma singular o plural del sustantivo entre paréntesis.

1. I have two _____. (cat) *(Yo tengo dos gatos.)*

2. She bought three _____. (book) *(Ella compró tres libros.)*

3. The _____ are swimming in the lake . (duck) *(Los patos están nadando en el lago.)*

4. He has a collection of _____. (coin) *(Él tiene una colección de monedas.)*

5. She loves to eat _____. (strawberry) *(Ella ama comer fresas.)*

6. My sister has a pair of _____. (shoe) *(Mi hermana tiene un par de zapatos.)*

7. The _____ is watching us. (wolf) *(El lobo nos está viendo).*

8. The _____ are playing in the yard. (child) *(Los niños están jugando en el patio).*

9. The _____ are flying south for the winter. (goose) *(Los gansos están viajando al sur durante el invierno).*

10. The _____ were lost in the forest. (deer) *(Los venados se perdieron en el bosque).* (deer)

2.2 Artículo indefinido

Es la palabra que va antes del sustantivo y su función es mostrar si se trata de un objeto o persona en general. En español, tenemos:

1. un, una (forma singular)   2. unos, unas (forma plural)

En inglés, solo utilizamos artículos en singular y estos son "a" y "an". La única diferencia entre ambos es fonética, es decir, de sonidos.

Si el sustantivo que le sigue comienza con un sonido de consonante, como por ejemplo "boat" (bote), entonces utilizaremos "a" y quedaría así: a boat. En cambio, utilizamos "an" cuando el sustantivo que sigue comienza con un sonido de vocal, como por ejemplo "apple" (manzana) y quedaría así: an apple. Aquí puedes ver más ejemplos con "a":

Artículo indefinido + sustantivo con consonante	Pronunciación	Traducción
a box	[ay bahks]	una caja
a boy	[ay boy]	un niño
a brother	[ay bruh-thuhr]	un hermano
a cat	[ay kaht]	un gato
a daughter	[ay gurhl]	una niña
a dog	[ay dag]	un perro
a girl	[ay da-duhr]	una hija
a house	[ay haus]	una casa
a man	[ay mahn]	un hombre
a sister	[ay sihs-tuhr]	una hermana
a son	[ay sohn]	un hijo
a woman	[ay woomahn]	una mujer

Y aquí puedes ver más ejemplos con "an":

Artículo indefinido + sustantivo con vocal	Pronunciación	Traducción
an animal	[ahn ah-nih-mahl]	un animal
an ant	[ahn ahnt]	una hormiga
an apple	[ahn ah-puhl]	una manzana
an aunt	[ahn ahnt]	una tía
an egg	[ahn ehg]	un huevo
an elephant	[ahn eh-lih-fihnt]	un elefante
eye	[ahn ai]	un ojo
an ice	[ahn ais]	un hielo
an orange	[ahn ohrnj]	una naranja
an owl	[ahn aul]	un búho
an umbrella	[ahn uhm-breh-luh]	un paraguas
an uncle	[ahn uhng-kuhl]	un tío

El perro y un gato

Recuerda que lo que importa es el sonido, no la letra del alfabeto. Por ejemplo, aunque "unicorn" empieza con la vocal 'u', la palabra tiene un sonido consonántico al principio, por lo que lleva "a" en lugar de "an": "a unicorn".

Del mismo modo, aunque "hour" empieza con la consonante 'h', en este caso esta es muda, es decir, tiene un sonido vocálico al principio, por lo que lleva "an" en lugar de "a": "an hour."

Ambos "a" y "an" se utilizan tanto para palabras consideradas masculinas como para las femeninas.

Ten en cuenta que no existen estos artículos para la forma plural, como en el español. En tal caso solo se utiliza el sustantivo sin un artículo. Por ejemplo, si probamos con "queremos manzanas" diríamos "we want apples", sin "a" o "an" antes de "apples."

2.2 Práctica

A. Escoge entre "a" y "an"

1. _____ house *(casa)*
2. _____ ice cream *(helado)*
3. _____ owl *(búho)*
4. _____ watch *(reloj)*
5. _____ eye *(ojo)*
6. _____ hamburger *(hamburguesa)*
7. _____ actor *(actor)*
8. _____ actress *(actriz)*
9. _____ hour *(hora)*
10. _____ university *(universidad)*

B. Escribe las formas correctas de los artículos indefinidos "a" o "an" en los espacios vacíos.

1. They have _____ idea. *(Ellos tienen una idea.)*
2. I drink _____ glass of water. *(Yo tomo un vaso con agua.)*
3. There is _____ apple on the desk. *(Hay una manzana en el escritorio.)*
4. She is buying *(ella va a comprar)* _____ television. *(Ella va a comprar un televisor.)*
5. He needs _____ bike to go to school. *(Él necesita una bicicleta para ir a la escuela.)*
6. _____ elephant is bigger than _____ mouse. *(Un elefante es más grande que un ratón.)*
7. The girl is _____ pilot. *(La chica es una piloto.)*
8. New York City has _____ airport. *(La ciudad de Nueva York tiene un aeropuerto.)*
9. The boy wants to be _____ astronaut. *(El chico quiere ser _____ astronauta.)*
10. My father has _____ old car. *(Mi padre tiene un auto viejo.)*

2.3 Artículo definido

Artículo definido singular

El artículo definido se usa para hablar de una persona u objeto en específico. Se antepone al sustantivo cuando esa persona u objeto ya se ha mencionado previamente en la conversación o cuando son conocidos popularmente. Por ejemplo:

El autobús de la escuela   →   The school bus

La Torre Eiffel   →   The Eiffel Tower

En español, los artículos definidos singulares son "el" y "la", y se utilizan de acuerdo con el género del sustantivo al que acompañan. Sin embargo, en inglés, el artículo definido para ambos géneros es "the".

El árbol   →   The tree

La fuente   →   The fountain

Artículo definido plural

En inglés, el artículo definido plural, al igual que el singular, es "the". Se utiliza delante de un sustantivo para referirse a un grupo específico de personas, animales, lugares o cosas de las que ya se ha hablado o que son de conocimiento público . Entonces, "the" es el equivalente a "las" y "los" en español. Por ejemplo:

"The beaches are beautiful."   →   "Las playas son hermosas."

"The dogs are barking."   →   "Los perros están ladrando."

2.3 Práctica

A.   Elige el artículo correcto entre "the" o "a/an".

1.   _____ car is parked in the street.
2.   _____ sky is clear tonight.
3.   _____ dog chased its tail.
4.   My friend has _____ guitar collection.
5.   _____ students in my class are very hardworking.
6.   I saw _____ accident on the way to work.
7.   _____ coffee at this cafe is always delicious.
8.   We visited _____ museum on our trip to New York.
9.   _____ books on the shelf are mine.
10.   _____ music here is so good!

El perro y un gato

B. Rellena las siguientes oraciones utilizando el artículo adecuado "a", "an", o "the".

1. _____ dog is sleeping on the couch.
2. She ate _____ apple for breakfast.
3. He bought _____ car yesterday.
4. I saw _____ cat on my way to work.
5. She wore _____ dress to the party.
6. He read _____ book about space travel.
7. I tried _____ apricot for the first time.
8. She adopted _____ kitten.
9. He received _____ unique gift from his friend.
10. I need _____ new pair of shoes.

We invite you to scan this "QR code"

By using the camera of your phone aiming at the QR code and clicking on the link that appears

to access your bonus content:

SCAN TO CLAIM YOUR BONUSES

OR

ENTER THIS URL IN YOUR WEB BROWSER:

bit.ly/speakingles

(only use lowercase letters)

Speak Abroad
Academy

LECCIÓN 03:
PERRO CAFÉ, GATO NEGRO

3.1 Adjetivos descriptivos

¿Recuerdas qué es un sustantivo? En la Lección 2 aprendimos que un sustantivo se refiere a una persona, un lugar, un animal o una cosa.

A veces no nos basta con mencionar el objeto o el sujeto, sino que es necesario describirlos. Aquí es donde entran en juego los adjetivos. Utilizamos adjetivos para describir los sustantivos de los que hablamos. Por ejemplo, podemos decir que una persona es gorda o delgada, o que una mesa es grande o pequeña. "Gorda", "delgada", "grande" y "pequeña" son algunos ejemplos de los adjetivos más comunes.

Adjetivos en singular

A diferencia del español, en inglés usualmente se escribe el adjetivo antes del sustantivo que se está describiendo. Por ejemplo, si en español decimos, "la bicicleta azul", en inglés diremos "the blue bike". Además, los adjetivos en inglés no poseen género. Por ejemplo:

La mochila nueva.	→	The new backpack.
El automóvil nuevo.	→	The new car.

Otros ejemplos de adjetivos son:

Adjetivo + Sustantivo en singular	Pronunciación	Traducción
The tall student	[thuh tahl stu-dihnt]	el/ la estudiante alto(a)
The short boy	[thuh shohrt boy]	el niño bajito
The good brother	[thuh gud bruh-thuhr]	el hermano bueno
The bad lion	[thuh bahd laiyun]	el león malo / la leona mala
The fat cat	[thuh faht kaht]	el gato gordo / la gata gorda

Adjetivo + Sustantivo en singular	Pronunciación	Traducción
The thin uncle	[thuh thihn uhng-kuhl]	el tío flaco
The friendly boy	[thuh frehnd-li boy]	el niño simpático
The unfriendly youngster	[thuh uhn-frehnd-li yung-stuhr]	el/ la joven antipático(a)
The small book	[thuh smal book]	el libro pequeño
The hardworking grandfather	[thuh hard-wuhr-kihng grahnd-fah-thuhr]	el abuelo trabajador
The beautiful sofa	[thuh byu-dih-ful so-fuh]	el hermoso sofá
The playful boy	[thuh plai-fuhl boy]	el niño juguetón
The short girl	[thuh shohrt guhrl]	la niña bajita
The good sister	[thuh gud sihs-tuhr]	la hermana buena
The thin aunt	[thuh thihn ahnt]	la tía flaca
The friendly girl	[thuh frehnd-li guhrl]	la niña amigable
The small house	[thuh smal haus]	la casa pequeña
The hardworking grandmother	[thuh hard-wuhr-kihng grahnd-muh-duhr]	la abuela trabajadora
The beautiful city	[thuh byu-dih-ful sih-di]	la ciudad hermosa
The old woman	[thuh old wu-muhn]	la mujer vieja
The red shirt	[thuh rehd shuhrt]	la camisa roja
The red car	[thuh rehd kar]	el auto rojo
The sunny day	[thuh suhni dey]	el día soleado
The cold food	[thuh kold fud]	la comida fría

Adjetivos en plural

Los adjetivos en inglés tampoco tienen forma plural. Por ejemplo:

El zapato limpio. → The clean shoe.

Los zapatos limpios. → The clean shoes.

Otros ejemplos son:

Adjetivo + Sustantivo en singular	Pronunciación	Traducción
The excellent books	[thuh ehk-sih-lint books]	los libros excelentes
The poor men	[thuh poar mehn]	los hombres pobres
The big planets	[thuh bihg plah-nihts]	los planetas grandes
The loyal friends	[thuh loy-uhl frehnds]	los amigos leales / las amigas leales
The weak boys	[thuh wik boys]	los chicos débiles
The difficult conversations	[thuh dih-fih-kuhlt kahn-vuhr-sey-shihns]	las conversaciones difíciles
The easy topics	[thuh i-zi tah-pihks]	los temas fáciles
The strong women	[thuh strang wih-mehn]	las mujeres fuertes
The delicious mangoes	[thuh duhlicious mahn-gos]	los mangos deliciosos
The kind ladies	[thuh kaind ley-dis]	las señoras amables
The young students	[thuh yuhng stu-dihnts]	los estudiantes jóvenes / las estudiantes jóvenes
The intelligent doctors	[thuh ihn-tehl-uh-juhnt dak-duhrs]	las doctoras inteligentes / los doctores inteligentes

¡Pongámonos manos a la práctica!

3.1 Práctica

A. Rellena el espacio en blanco con el adjetivo correcto.

Colorful – delicious – pretty – tall – fast – interesting – happy – cold – sleepy – big

1. The _____ cat is sleeping.
2. She buys a _____ dress.
3. The _____ elephant is walking.
4. We drink _____ water.

5. He drives a _____ car to work.
6. I read an _____ book last night.
7. She has a _____ smile on her face.
8. The _____ tree is in the backyard.
9. They see a _____ rainbow.
10. I eat a _____ pizza.

B. Une un adjetivo que te parece adecuado con cada sustantivo. Respuestas puedan variar.

1. Dog   a. tall
2. Mountain   b. colorful
3. Ocean   c. big
4. Book   d. friendly
5. Sun   e. old
6. Sky   f. radiant (radiante)
7. Tree   g. beautiful
8. House   h. fast
9. Flower   i. blue
10. Car   j. deep (profundo)

C. Traduce el adjetivo español a inglés.

1. The _____ woman *(alta)*
2. The _____ man *(pobre)*
3. The _____ dog *(leal)*
4. The _____ girl *(hermosa)*
5. The _____ problem *(difícil)*
6. The _____ boy *(bueno)*
7. The _____ grandfather *(feliz)*
8. The _____ book *(interesante)*
9. The _____ friendship *(fuerte)*
10. The _____ hand *(débil)*

D. Traduce el adjetivo inglés al español.

1. La tía _____ *(short)*
2. La comida _____ *(excellent)*
3. El pueblo _____ *(small)*
4. El tío _____ *(friendly)*
5. El hotel _____ *(old)*
6. El amigo _____ *(intelligent)*
7. El perro _____ *(strong)*
8. El niño _____ *(hardworking)*
9. El elefante _____ *(fat)*
10. El gato _____ *(bad)*

Speak Abroad
Academy

3.2 Tipos de adjetivos y su orden

Podemos clasificar los adjetivos en dos tipos, los de hecho y los de opinión.

Adjetivos de hecho

Los adjetivos de hecho son los que describen objetivamente a la persona, animal, objeto o lugar. A su vez, existen seis categorías para los adjetivos de hecho: tamaño, temperatura, edad, forma, color, nacionalidad y material y propósito.

Adjetivos de tamaño

Adjetivo	Pronunciación	Traducción
Big	[bihg]	grande
Enormous	[ih-nor-mihs]	enorme
Large	[larj]	amplio
Small	[smal]	pequeño
Tiny	[tay-ni]	diminuto

Adjetivos de temperatura

Adjetivo	Pronunciación	Traducción
Cold	[kohld]	frío
Cool	[kul]	fresco
Hot	[haht]	caliente
Warm	[wahrm]	tibio, abrigado

Adjetivos de edad

Adjetivo	Pronunciación	Traducción
Ancient	[eyn-chihnt]	antiguo
Infantile	[ihn-fuhn-tail]	infantil
New	[nu]	nuevo
Old	[old]	viejo
Young	[yuhng]	joven

Adjetivos de forma

Adjetivo	Pronunciación	Traducción
Oval	[o-vuhl]	ovalado
Rectangular	[rrehk-tain-gyew-lahr]	rectangular
Round	[raund]	redondo
Square	[skwair]	cuadrado
Triangular	[try-aihn-gyew-lahr]	triangular

Adjetivos de color

Adjetivo	Pronunciación	Traducción
Blue	[blu]	azul
Green	[grin]	verde
Orange	[or-ihnj]	naranja
Red	[rehd]	rojo
Yellow	[yeh-lo]	amarillo

Adjetivos de nacionalidad

Adjetivo	Pronunciación	Traducción
American	[uh-meh-rih-kihn]	americano
Australian	[as-treyl-yihn]	australiano
Canadian	[kuh-ney-di-ihn]	canadiense
English	[ihng-glihsh]	inglés
Scottish	[ska-dihsh]	escocés

¿Sabías esto? En inglés, siempre usamos mayúscula en la inicial de una nacionalidad.

Adjetivos de material

Adjetivo	Pronunciación	Traducción
Cottony	[kaw-tih-ni]	algodonero
Glassy	[glah-si]	vidrioso
Leathery	[leh-thuh-ri]	de cuero
Metallic	[meh-tah-lihk]	de metal, metálico
Wooden	[wu-dihn]	de madera

Adjetivo de propósito

Adjetivo	Pronunciación	Traducción
An *exercise* room	[ek-sur-caiz/rum]	una habitación de ejercicio
A *cleaning* lady	[klin-ing/lai-di]	una mujer de limpieza
A *writing* desk	[rait-ing/dehsk]	un escritorio de escritura
A *reading* light	[ri-ding/lait]	una luz de lectura

Adjetivos de opinión

Los adjetivos de opinión son aquellos que expresan un juicio personal acerca de un ser humano, animal, objeto o lugar. Reflejan el punto de vista del que los usa y pueden variar de una persona a otra. Hay adjetivos de opinión generales y específicos. Los generales se pueden usar para casi todos los sustantivos, como por ejemplo: good, bad, beautiful e important. Los específicos se utilizan para comida, muebles, edificios, personas y animales. Por ejemplo, delicious, comfortable y friendly.

Ejemplos:

Adjetivo	Pronunciación	Traducción
Bad	[bahd]	malo
Beautiful	[byu-dih-fuhl]	hermoso
Good	[gud]	bueno
Silly	[sih-li]	tonto
Wonderful	[wuhn-duhr-fuhl]	maravilloso

Es importante conocer estas distinciones entre adjetivos para establecer su orden en una oración. Cuando un sustantivo tiene más de un adjetivo, entonces se debe arreglar de la siguiente forma:

1. Adjetivos de opinión
   a. de opinión general
   b. de opinión específica
2. Adjetivos de hecho
   a. tamaño
   b. temperatura
   c. edad
   d. forma
   e. color
   f. nacionalidad
   g. material
   h. propósito
3. Sustantivo

Por ejemplo:

The beautiful old blue sapphire necklace. (El hermoso collar viejo de zafiro azul.)

⊃ Adjetivo de opinión general: beautiful *(hermoso)*
⊃ Adjetivos de hecho:
   ⊃ Edad: old *(viejo)*
   ⊃ Color: blue *(azul)*
   ⊃ Material: sapphire *(zafiro)*

Otros ejemplos del orden de adjetivos son:

Adjetivo	Pronunciación	Traducción
A beautiful, tall, wooden table	*[ay byu-dih-fuhl, tahl, wu-dihn tey-buhl]*	una mesa hermosa, alta y de madera
An expensive, luxurious, leather sofa	*[ahn ehk-spehn-sihv, luhg-zhur-i-uhs, leh-thuhr so-fuh]*	un sofá caro, lujoso y de cuero
A delicious, creamy, chocolate cake	*[ay dih-lih-shihs, kri-mi, chahk-liht keyk]*	un pastel delicioso, cremoso y de chocolate
A fast, sleek, black car	*[ay fahst, slik, blahk kar]*	un auto rápido, elegante y negro
A small, round, silver necklace	*[ay smal, raund, sihl-vur nehk-luhs]*	un collar pequeño, redondo y de plata

¿Sabías esto? En inglés, no es común usar más de tres adjetivos para definir un solo sustantivo.

¡Ahora pongamos a prueba tus nuevas habilidades!

3.2 Práctica

A.   ¿Qué adjetivos son los más apropiados para cada oración?
   1.   Aunt Mary is _____ (ancient / smart / beautiful / yellow / decadent)
   2.   Mr. Smith is _____ (long/ cheerful / interesting /shiny)
   3.   The city is _____ (big / interesting / delicious / soft)
   4.   The child is _____ (good / red / cold / skinny / nice)
   5.   The cats are _____ (new / bad / white / French)
   6.   Dogs are _____ (nice / cheerful / round / moist / informative)
   7.   The cake was _____ (fluffy / sleek / shiny / well-written / delicious / creamy)
   8.   The car was _____ (peaceful / fluffy / sleek / thought-provoking / fast)
   9.   The sunset was _____ (beautiful / decadent / breathtaking / interesting / sweet/ amazing)
   10. The book was _____ (interesting / breathtaking / colorful / smart / informative)

B.   Elige el orden correcto de los adjetivos para completar la oración.
   1.   She has a _____ (new / red / Italian) car.
   2.   He's wearing a _____ (cottony / warm / blue) sweater.
   3.   The little girl was carrying a _____ (pink / plastic / small) bag.
   4.   We stayed in a _____ (comfortable / small / old) hotel.
   5.   They live in a _____ (modern / big / white) house.
   6.   I ate a _____ (delicious / red / juicy) apple.
   7.   She received a _____ (beautiful / silver / expensive) necklace.
   8.   He drove a _____ (fast / blue / German) car.
   9.   We walked on a _____ (long / sandy / deserted) beach.
   10. The _____ (tall / skinny / young) boy was playing basketball.

C. Reescribe las siguientes oraciones con el orden correcto de los adjetivos. Algunas ya están ordenadas. Para esas, solo escribe "OK" al final.
   1.   I want to buy a <u>big, new, red</u> car.
   2.   She has a <u>cute, little, white</u> dog.
   3.   He wore a <u>black leather</u> jacket.
   4.   We stayed at <u>a small, cozy, wooden</u> cabin.
   5.   The store sells <u>expensive, designer, Italian</u> shoes.
   6.   They live in a <u>luxurious, large, modern</u> house.
   7.   She is a <u>tall, slim, beautiful</u> model.
   8.   We visited an <u>ancient, historic, impressive</u> castle.
   9.   He ordered a <u>juicy, medium-rare, grilled</u> steak.
   10. The painting is a <u>contemporary, colorful, abstract</u> piece.

LECCIÓN 04:

EL CAMINO DE LADRILLOS AMARILLOS

4.1 Más adjetivos

Basta de reglas por ahora. Es hora de seguir aprendiendo nuevas palabras y concentrarte en ampliar tu vocabulario.

Si aprendes más adjetivos en inglés, ¡podrás describir el mundo, las personas que te rodean y las experiencias que vives con más detalle!

Adjetivos descriptivos

Adjetivo	Pronunciación	Traducción
Blond	[bland]	rubio
Brunette	[bru-net]	castaño
Cheap	[chip]	barato
Delicious	[duh-lih-shihs]	delicioso
Disagreeable	[dis-uh-gri-uh-buhl]	desagradable
Elderly	[ehl-duhr-li]	anciano
Expensive	[ehk-spehn-sihv]	caro
Famous	[fey-mihs]	famoso
Fast	[fahst]	rápido
Happy	[hah-pi]	feliz
Long	[lang]	largo
New	[nu]	nuevo
Pretty	[prih-di]	bonito
Rich	[rihch]	rico
Sad	[sahd]	triste
Short	[short]	corto
Slow	[slo]	lento
Ugly	[uhg-li]	feo
Young	[yuhng]	joven

¿Qué aspecto tienen estos adjetivos en una **oración**? Usemoslos con algunos sustantivos que hemos utilizado en capítulos anteriores.

The easy problem (*el problema fácil*)

The pretty car (*el auto bonito*)

The fast motorcycle (*la moto rápida*)

The new shoes (*los zapatos nuevos*)

The cheap chair (*la silla barata*)

The sad man (*el hombre triste*)

The famous girl (*la niña famosa*)

The dark-skinned boy (*el niño moreno*)

The happy woman (*la mujer feliz*)

The delicious food (*la comida deliciosa*)

The short lesson (*la lección corta*)

The long train (*el tren largo*)

Colores

Como ya vimos, los colores también son adjetivos, y muy importantes. Todas las reglas que hemos aprendido hasta ahora sobre los adjetivos se aplican también a los colores. Aquí tienes una lista más amplia de colores.

Adjetivo	Pronunciación	Traducción
Black	[blahk]	negro
Blue	[blu]	azul
Brown	[braun]	café
Green	[grin]	verde
Gray	[grey]	gris
Orange	[or-ihnj]	naranja
Pink	[pihngk]	rosa
Purple	[puhr-puhl]	morado
Red	[rehd]	rojo
White	[wayt]	blanco
Yellow	[yeh-lo]	amarillo

Veamos algunos ejemplos de cómo utilizar los colores con un sustantivo:

The red planet (*El planeta rojo*)

The blue motorcycle (*La moto azul*)

The black pencil (*El lápiz negro*)

The pink house (*La casa rosa*)

The white cat (*El gato blanco*)

The brown dog (*La perra marrón*)

The yellow sofa (*El sillón amarillo*)

The orange car (*El auto naranja*)

The green chair (*La silla verde*)

The purple dress (*El vestido morado*)

Adjetivos de nacionalidad

Como ya hemos dicho, las nacionalidades también son adjetivos. En inglés, la palabra para el idioma de un país es a veces la misma que la palabra para la forma singular de su nacionalidad.

Es decir la palabra "English", se usa tanto para nombrar el idioma "English" como para decir la nacionalidad "English". Lo mismo ocurre con "Spanish" y "French".

Ejemplos de nacionalidades:

Adjetivo	Pronunciación	Traducción
American	[uh-meh-rih-kihn]	americano(a)
Australian	[as-treyl-yihn]	australiano(a)
Canadian	[kuh-ney-di-ihn]	canadiense
English	[ihng-glihsh]	inglés(a)
French	[frehnch]	francés(a)
German	[juhr-mihn]	alemán(a)
Indian	[ihn-di-uhn]	indio(a)
Irish	[ay-rihsh]	irlandés(a)
Italian	[ih-tal-yan]	italiano(a)
Portuguese	[por-chu-geez]	portugués(a)
Scottish	[ska-dihsh]	escocés(a)
Spanish	[spah-nihsh]	español(a)

¿Estás listo? ¡Practiquemos todo!

4.1 Práctica

Ahora es una buena idea practicar lo que ya sabes sobre los sustantivos de la Lección 2 y los adjetivos de la Lección 3.

A. Encuentra el adjetivo adecuado para los siguientes sustantivos. Respuestas puedan variar.

hardworking – interesting – new – happy – smart – old – loyal – brown – easy

tall – rich – expensive – difficult – fast – delicious

1. The dog is _____.
2. The couch is _____.
3. The girl is _____.
4. The train is _____.
5. The boy is _____.

6. The television is _____.
7. The coffee is _____.
8. The teacher is _____.
9. The house is _____.
10. The grandmother is _____.
11. The problem is _____.
12. The show is _____.
13. The man is _____.
14. The chair is _____.
15. The language is _____.

B. Completa las siguientes traduciendo los adjetivos de color del español al inglés.

1. The flower is _____ (amarillo)
2. The house is _____ (azul)
3. The chair is _____ (naranja)
4. The hand is _____ (blanco)
5. The cat is _____ (negro)
6. The pencil is _____ (gris)
7. The armchair is _____ (verde)
8. The telephone is _____ (rosa)
9. The dog is _____ (marrón)
10. The tomato is _____ (rojo)

C. Traduce las siguientes oraciones sobre nacionalidades.

1. Monique es canadiense: Monique is _____
2. Charles es irlandés: Charles is _____
3. Helmut es alemán: Helmut is _____
4. Sofía es chilena: Sofía is _____
5. María es argentina: María is _____
6. Ted es inglés: Ted is _____
7. Laura es colombiana: Laura is _____
8. Cecilia es española: Cecilia is _____
9. Patrick es neozelandés: Patrick is _____
10. Arnold es austriaco: Arnold is _____

D. Escribe la nacionalidad correcta para cada monumento histórico.

1. The Statue of Liberty is _____.
2. The Eiffel Tower is _____.
3. Big Ben is _____.
4. The Tower of Pisa is _____.
5. The Prado Museum is _____.

6. The Colosseum is _____.
7. The Taj Mahal is _____.
8. Stonehenge is _____.
9. The Kremlin is _____.
10. The Sydney Opera House is _____.

E. ¿Cuál es la nacionalidad de estos personajes famosos?
1. Pablo Picasso is _____
2. Emmanuel Macron is _____
3. Daniel Craig is _____
4. Marco Polo is _____
5. Antonio Banderas is _____
6. Miley Cyrus is _____

4.2 Adjetivos demostrativos

A comparación de los adjetivos descriptivos, los adjetivos demostrativos sirven para indicar la distancia que separa al hablante del objeto, lugar, animal o persona. Por ejemplo, en español podemos decir:

Eso es un libro (si está lejos)
Esto es un libro (si está cerca)

Y para decir eso en inglés decimos:

That is a book
This is a book

Cuando usamos estas palabras, van delante del sustantivo, igual que en español, y también cambian si hablamos de sustantivos múltiples. Es como la diferencia entre "este" y "estos".

Y, por supuesto, a diferencia del español, los adjetivos demostrativos no poseen género. Aquí están todos los adjetivos demostrativos:

Adjetivo	Pronunciación	Traducción
This	[thihs]	este, esta, esto
These	[thees]	estos, estas
That	[thaht]	ese, aquel, esa, aquella
Those	[thoz]	esos, aquellos, esas, aquellas

Recuerda, se usa "this" (singular) y "these" (plural), cuando se habla de algo cercano. Por otro lado, se usa "that" (singular) y "those" (plural) para algo lejano.

4.2 Práctica

A. Beatriz y su amiga van de compras. Comprueba lo que dicen sobre la ropa, utilizando el adjetivo demostrativo "this" en su forma correcta. Usa "is" (es) o "are" (son) según el sujeto sea singular o plural.

IMPORTANTE:

Recuerda que si el sustantivo es singular, el adjetivo demostrativo será "This" y la forma correcta del verbo será "is".

En caso de que el sustantivo sea plural, el adjetivo demostrativo será "These" y la forma correcta del verbo será "are".

Esto quiere decir que debes poner tu atención en el número gramatical del sustantivo.

Ejemplo: dress (*vestido*) / red (*rojo*) → This dress is red.

1. shirt (*camisa*) / cute (*lindo*) → _____ (cerca)
2. shoes (*zapatos*) / expensive (*caro*) → _____.
3. sweater (*suéter*) / wool (*lana*) → _____.
4. dresses (*vestidos*) / silk (*seda*) → _____.
5. pants (*pantalones*) / cheap (*barato*) → _____.

B. Ahora usa el adjetivo demostrativo "that" en su forma correcta.

Ejemplo: socks (calcetines) / long (largo) → Those socks are long.

IMPORTANTE:

Recuerda que si el sustantivo es singular, el adjetivo demostrativo será "That" y la forma correcta del verbo será "is".

En caso de que el sustantivo sea plural, el adjetivo demostrativo será "Those" y la forma correcta del verbo será "are".

Esto quiere decir que debes poner tu atención en el número gramatical del sustantivo.

1. blouse (*blusa*) / white (*blanco*) → _____(lejos)
2. t-shirt (*camiseta*) / red (*rojo*) → _____.
3. skirts (*faldas*) / short (*corto*) → _____.
4. jacket (*chamarra*) / very* cheap (*muy barato*) → _____.
5. sneakers (*tenis*) / beautiful (*hermoso*) → _____.

4.3 Adverbios

Los adverbios se utilizan para describir y dar más información acerca de los verbos y adjetivos. Es por ello que los adverbios se escriben antes de los adjetivos y los verbos.

Echa un vistazo a otros adverbios aquí:

Adverbio	Sujeto + Verbo + Complemento	Ejemplo
Very (muy)	+verbo + adjetivo / adverbio	Those flowers are very beautiful (*Esas flores son muy hermosas*)
A lot (mucho)	+ verbo + adverbio	Carlos travels a lot (*Carlos viaja mucho*)
Quite (bastante)	+verbo + adjetivo / adverbio	She walks quite fast (*Ella camina bastante rápido*)
A little / little / not a lot (poco)	+(estructura negando) verbo + /adverbio

+ verbo + adverbio | Martin doesn't eat a lot (*Martín no come mucho*) Martin eats little (*Martin come poco*) |
| **Too much** (demasiado) | + verbo + adjetivo / adverbio | Elena talks too much (*Elena habla demasiado*) |

4.3 Práctica

A. Completa estas con **"this"** o **"that"**.

1. Who is _____ doctor? _____ doctor is a cardiologist. (cerca)

2. _____ planet is very big. (lejos)

3. _____ house is beautiful. (cerca)

4. _____ train is big. (lejos)

5. _____ motorcycle is new. (cerca)

6. _____ young man is nice. (lejos)

7. The student is _____ boy. (cerca)

B. Lo contrario. Completa cada frase con la forma correcta de: **this, that, these, those.**

Ejemplo: Is _____ professor good? (cerca) : Is this professor good?

A continuación, contesta a la inversa, utilizando el adjetivo que significa lo contrario.

1. Is _____ girl happy? (cerca)

2. Are _____ boys rich? (lejos)

3. Is _____ dog ugly? (cerca)

4. Are _____ buildings old? (cerca)

5. Are _____ women kind? (cerca)

6. Are _____ girls strong? (lejos)

7. Is _____ house big? (lejos)

8. Is _____ boy tall? (lejos)

4.4 Describir sustantivos

¿Recuerdas cuando hablamos de usar la palabra "is" para describir un sustantivo singular? Como, por ejemplo, "the woman **is** intelligent" para decir "la mujer **es** inteligente". Pues, para hablar de sustantivos en plural, en vez de utilizar "is", utilizamos "are" que significa "son". Por ejemplo, para decir "los libros **son** aburridos" debemos decir "the books **are** boring". Entonces conjugaremos "is" y "are" de esta manera:

He, she, it (él, ella, ello) is...

They, you, we, you (ellos/ellas, tú, nosotros/nosotras, ustedes) are...

Al igual que "is", se utiliza la palabra "are" independientemente de si el sustantivo es femenino o masculino. Por ejemplo:

Ellos son delgados   →   They are thin.

Ellas son inteligentes   →   They are smart.

No te olvides que para hablar de uno mismo, debemos utilizar "am". Por ejemplo, para decir "Yo soy divertida", diríamos "I **am** funny" o para decir "Yo soy alto", diríamos "I **am** tall".

Ahora ya sabes cómo describir sustantivos, ya sean objetos, personas, lugares o animales. Es tu turno de practicarlos, pero antes de eso veamos algunos sustantivos nuevos para ampliar tu vocabulario.

Vocabulario: El Vecindario (The neighborhood)

Sustantivos típicos que encontrarás en tu vecindario, pueblo y ciudad.

Sustantivo	Pronunciación	Traducción
Airport	[ehr-port]	aeropuerto
Avenue	[ah-vih-nu]	avenida
Bar	[bahr]	bar
Building	[bihl-dihng]	edificio
Car	[kahr]	coche
Church	[chuhrch]	iglesia
College / University	[ka-lihj, yu-nih-vuhr-suh-di]	universidad
Fish store	[fihsh stor]	pescadería
Flower	[flau-uhr]	flor
Garden	[gardihn]	jardín
Movie theater	[mu-vi thi-uh-duhr]	cine
Museum	[myew-zi-uhm]	museo
Office	[a-fihs]	oficina
Park	[park]	parque
Post office	[post a-fihs]	oficina postal, correo
Produce Market	[proh-dus mahr-ket]	mercado de productos frescos
Salesperson	[seylz-puhr-suhn]	vendedor
School	[skul]	escuela
Street	[strit]	calle
Supermarket	[su-puhr-mar-kiht]	supermercado
Theatre	[thi-uh-duhr]	teatro
Tree	[tri]	árbol
Yard	[yahrd]	patio trasero

4.4 Práctica

A. Imagina que le enseñas a tu amigo el vecindario desde tu coche. Señala algunos lugares de interés, completando las oraciones con la forma correcta: "that" y "those".

1. _____ house is very large. (lejos)

2. _____ building (edificio) is the post office (oficina postal) and _____ tree (árbol) is very old.

3. _____ street (calle) is new and _____ dogs (perros) are bad.

4. _____ avenue (avenida) is wide. _____ street (calle) is new and _____ houses (casas) are old.

B. Reescribe estas oraciones utilizando la forma correcta del adjetivo demostrativo, del verbo ser (esos de si el sujeto es singular o plural)

IMPORTANTE: Recuerda que si el sustantivo es singular, el adjetivo demostrativo será This or That y la forma correcta del verbo será is. En caso de que el sustantivo sea plural, el adjetivo demostrativo será These or Those y la forma correcta del verbo será are. Esto quiere decir que debes poner tu atención en el número gramatical del sustantivo.

Ejemplo: this / streets / is / long: These streets are long.

1. This / system / is / excellent _____.
2. This / fish stores / is / expensive _____.
3. This / city / is / beautiful _____.
4. This / theater / is / small _____.
5. That / offices / is / new _____.
6. That / cars / is / yellow _____.

LECCIÓN 05:
SER O ESTAR

5.1 Tiempo presente del verbo "to be" (Ser)

¿Recuerdas las palabras "is", "are" y "am"? Significan es "son" y "soy", que son esencialmente del mismo verbo (ser), pero "is" es para sustantivos singulares, "are" es para plurales y "am" es para referirme a mi mismo.

"Is", "are" y "am" son conjugaciones del verbo llamado "to be", o "ser y estar". Se le llama el verbo "ser y estar" porque podemos utilizarlo tanto para describir sustantivos como para señalar una ubicación o un estado de ánimo. Por ejemplo, para decir "el auto está aquí", diríamos "the car is here" y para decir que "el auto es rojo", diría "the car is red". Ambos ejemplos utilizan "is" pero el "is" significa "estar" en la primera oración y "ser" en la segunda. Aquí puedes ver una tabla con las conjugaciones del verbo "to be" más detalladas:

Veamos su conjugación en presente simple:

Pronombre + Verbo to be conjugado	Traducción
I am	Yo soy
You are	Tú eres
He, she, it is	Él, ella, ello es
We are	Nosotros(as) somos
You are	Ustedes, Vosotros(as) son, sóis Usted es*
They are	Ellos(as) son

*Como verás "usted", aunque sea singular y formal, se conjuga igual que "tú" (singular, informal) y "ustedes, vosotros, vosotras" (plural).

¡Ahora, practiquemos un poco el verbo "to be"!

Comprensión de texto: Lee el siguiente diálogo y utiliza la tabla del verbo "to be" para identificar exactamente lo que están diciendo.

THOMAS: Excuse me, is this the post office?
RYAN: Sorry, I'm not from here.
THOMAS: Ah, where are you from?
RYAN: I'm from another city. I'm not from New York.
THOMAS: Oh, you're a tourist, like me.
RYAN: Yes, I'm a tourist. I'm from Canada. And you?
THOMAS: I'm from France.
RYAN: Ah. We're two tourists. That lady is American. She's from here.

Glosario:

From here: de aquí
Where... from?:   ¿De dónde...?
Another: otro(a)
Like: como
Here: acá

Hemos mencionado que el verbo que significa "ser" se utiliza para describir cosas de diferentes maneras. Entonces, ¿cuándo se utiliza exactamente "to be"?

Generalmente, ser se utiliza para describir:

- La naturaleza de algo o alguien
- La identidad de algo o alguien
- El tiempo
- Acontecimientos

Pero no te alarmes ya que aquí te mostramos las nueve situaciones en que lo puedes utilizar.

1. Para describir cualidades físicas o de personalidad

   Ejemplos:

I am blond.	=	Yo soy rubia.
You are tall.	=	Tú eres alto.
He is young.	=	Él es joven.
She is smart.	=	Ella es inteligente.
We are nice.	=	Nosotros somos simpáticos.
You all are romantic.	=	Ustedes son románticos.
They are best friends.	=	Ellos son mejores amigos.

2. Para indicar una profesión

Ejemplos:

Marcos is a lawyer.	=	Marcos es abogado.
I am a student.	=	Yo soy estudiante.
She is an architect.	=	Ella es arquitecta.
We are doctors.	=	Somos doctores.
You are managers.	=	Ustedes son gerentes.
They are engineers.	=	Ellos son ingenieros.

TIP: Observa cómo, en inglés, después del verbo se debe usar "a" o "an" antes de la profesión, cuando el sujeto es singular. Cuando el sujeto es plural, no se usa el artículo indefinido, ya que en inglés no existen los artículos "unos / unas."

3. Para indicar de dónde es una persona

Ejemplos:

I am from Peru.	=	Yo soy de Perú.
You are from Colombia.	=	Tú eres de Colombia.
He is from New York.	=	Él es de Nueva York.
You are from Spain.	=	Usted es de España.
We are from Italy.	=	Nosotros somos de Italia.
They are from Ireland.	=	Ellos son de Irlanda.

4. Para identificar atributos específicos de una persona, como su parentesco, nacionalidad, raza o religión

Ejemplos:

I am Catholic.	=	Yo soy católica.
You are Argentinian.	=	Tú eres argentino.
He is Asian.	=	Él es asiático.
We are single.	=	Somos solteros.
Marcos and Luisa are friends.	=	Marcos y Luisa son amigos.

5. Para decir para quién o para qué está destinado algo

Ejemplos:

The television is for her.	=	La televisión es para ella.
The pencil is for them.	=	El lápiz es para ellos.
The female cat is for my brother.	=	La gata es para mi hermano.

6. Para describir dónde tiene lugar un acontecimiento

Ejemplos:

The party is at Maria's house.	=	La fiesta es en la casa de María.
The ceremony is at the university.	=	La ceremonia es en la universidad.

7. Para indicar una generalización

Ejemplo:

It is important to study.	=	Es importante estudiar.

8. Para expresar la hora, las fechas y los días de la semana.

Es importante saber que cuando damos la hora y en algunos casos en que indicamos la fecha/el día/el mes/el año debemos utilizar el pronombre It con Is.

Ejemplos:

It is 3:00 p.m.	=	Son las 3:00 p.m.
It is August 14th.	=	Es el 14 de agosto.
It is 2024.	=	Es el año 2024.
It's* Monday.	=	Es lunes.

> **TIP:** En inglés se usa siempre mayúscula en los nombres de los días y de los meses.

*Ten en cuenta que "it is" puede abreviarse como "it's". Lo mismo ocurre con "are" y con "am". Por ejemplo, "they are friends" (ellos son amigos) pasa a abreviarse como "they're friends" y "I am a girl" (yo soy una chica) pasa a abreviarse como "I'm a girl"

9. Para expresar la edad de alguien

Ejemplo:

I am 38 years old.	=	Tengo 38 años de edad.

Para expandir tu vocabulario aún más, te dejamos algunas palabras para describir de qué material están hechos los objetos.

Material	Pronunciación	Traducción
Paper	[pey-puhr]	papel
Wood	[wood]	madera
Glass	[glahs]	vidrio
Plastic	[plahs-tihk]	plástico
Metal	[meh-tahl]	metal
Fabric	[fah-brihk]	tela
Yard	[yahrd]	patio trasero

5.1 Práctica

A. Responde a estas preguntas sobre el diálogo "The city" del principio de la lección.
1. Where is Ryan from? _____.
2. Where is Thomas from? _____.
3. What city are they in? _____.
4. What are Ryan and Thomas? _____.
5. Where is the lady from? _____.

B. ¿De dónde son estos famosos? Utiliza la 3ª persona del singular del verbo "to be" (he's/she's) para decir de dónde son y de qué nacionalidad son. Aquí hay un ejemplo:

Ejemplo: David Beckham – He's from England. He's English.

England (Inglaterra)   Portugal (Portugal)

France (Francia)   Mexico (México)

Spain (España)   The United States (Los Estados Unidos)

Italy (Italia)   Germany (Alemania)
1. Luciano Pavarotti _____.
2. Frida Kahlo _____.
3. Johnny Depp _____.
4. Albert Einstein _____.
5. Coco Chanel _____.
6. Rafael Nadal _____.
7. Cristiano Ronaldo _____.
8. Paul McCartney _____.

C. Completa las siguientes oraciones con la forma adecuada de ser e incluye entre paréntesis por qué utilizas este verbo.

- Descripción
- Profesión
- Origen
- Identificación
- A quién está destinado
- Generalización
- Ubicación
- Marca de tiempo
- Edad

Ejemplo: The kid is nice. (Descripción)

1. Mick Jagger _____ English.   (_____)
2. This table _____ 180 years old.   (_____)
3. We _____ from Colombia.   (_____)
4. He _____ 20 years old.   (_____)
5. The food _____ for the girl.   (_____)
6. Today _____ Monday.   (_____)
7. Marcos and Luis _____ lawyers.   (_____)
8. The party _____ at the club.   (_____)
9. That _____ Maria's dog.   (_____)
10. The book _____ yellow.   (_____)
11. It _____ February 14th.   (_____)

D. Completa con la forma correcta del verbo "**to be**": "**is**" o "**are**", según el sujeto.

1. The cat _____ sleeping on the couch.
2. The books _____ on the shelf.
3. My sister and I _____ going to the park later.
4. The flowers _____ in bloom.
5. The children _____ playing outside.
6. A coffee and bagel _____ my breakfast every morning.
7. The stars _____ shining brightly in the night sky.
8. My favorite color _____ blue.
9. The apples _____ ripe and ready to be picked.
10. The sky _____ a beautiful shade of pink during sunset.

E   Ahora vamos a intentar utilizar todas las formas del verbo "to be". Completa las oraciones con la forma correcta del verbo y el lugar sugerido en cada caso.

Ejemplo: I (Perú) = I am from Perú.

1.   They (Alemania) = _____.
2.   You and Alejandra (Argentina) = _____.
3.   You (Colombia) = _____.
4.   We (México) = _____.
5.   I (Francia) = _____.
6.   Felipe (Brazil) = _____.

F.   Utiliza la forma correcta del verbo "to be".

1.   You _____ Muslim.
2.   I _____ married.
3.   We _____ single.
4.   Martin _____ Chinese.
5.   Elena and Sofia _____ Brazilian.
6.   You _____ white.
7.   You _____ Christians.
8.   Maria _____ Mexican.
9.   You and Martin _____ friends.
10. Yolanda _____ blonde

G.   Traduce las siguientes oraciones. Recuerda que se utiliza el verbo "to be" para expresar la hora, las fechas y los días de la semana.

1.   Son las tres de la tarde (3 o'clock in the afternoon):
     _____

2.   Es primero de mayo (1st of May):
     _____

3.   Es tres de noviembre (November 3rd):
     _____

4.   Es miércoles (Wednesday):
     _____

5.   Son las diez de la mañana (10 o'clock in the morning):
     _____

6.   Es domingo (Sunday):
     _____

H. Responde a estas preguntas con la forma de ser adecuada.

1. Are you nice? _____
2. Are you a student? _____
3. Is Mariana's house small? _____
4. Where is Elena from? (England) _____
5. Who is intelligent? (Denise and Leo) _____
6. What time is it? (4:00 p.m.) _____

5.2 Presente del verbo to be (estar)

Como vimos en la sección anterior, el verbo "to be" también significa "estar" y se usa en diferentes tipos de contextos y situaciones.

En inglés, el verbo "to be" que significa "estar" se usa para expresar:

→ ubicación: She is in the house. *(Ella está en la casa.)*

→ salud: He is sick. *(Él está enfermo.)*

→ cambio de estado emocional o condición: I am happy. *(Estoy feliz.)*

→ opinión: The food is delicious. *(La comida está deliciosa.)*

Observa que lo que tienen en común la mayoría de estas situaciones es que son cambiantes. Está enfermo, pero puede que pronto deje de estarlo. Es un estado temporal, no permanente. "Enfermo" es su condición, pero no es su naturaleza.

Cuando se utiliza "to be" para la localización, se usa la preposición "in" + el artículo (the). Por ejemplo: Sara is in the house.

Ahora, aprendamos más adjetivos para practicar el verbo "to be":

Vocabulario: más adjetivos

Aprendamos más adjetivos para practicar el verbo "to be" en estos casos:

Adjetivo	Pronunciación	Traducción
Angry	[ahn-gri]	enojado
Bored	[bord]	aburrido
Busy	[bih-zi]	ocupado
Clean	[klin]	limpio
Closed	[klozd]	cerrado
Delicious	[duh-lih-shihs]	delicioso
Dirty	[duhr-di]	sucio

Adjetivo	Pronunciación	Traducción
Furious	[fyuhr-i-ihs]	furioso
Handsome	[hahn-suhm]	guapo
Happy	[hah-pi]	feliz
Nervous*	[nuhr-vuhs]	nervioso
Next	[neh-ckst]	próximo/ siguiente
Open	[o-pihn]	abierto
Sick	[sihk]	enfermo
Stressed	[strehst]	estresado
Tasty	[teysti]	sabroso
Thin	[thihn]	delgado
Tired	[tai-uhrd]	cansado
Worried	[wuhr-id]	preocupado

* "Next" es un adjetivo que indica proximidad o secuencia. También puede ser utilizado como preposición para indicar la posición de algo en relación con otro objeto o ubicación.

Por ejemplo: en "The store is **next** to the bank", "next" es un adjetivo que describe la posición de la tienda en *relación* con el banco, mientras que "to" funciona como una preposición que *conecta* "next" con "the bank".

Por ejemplo:

➲ March is next month. *(El próximo mes es marzo.)*

➲ I will see you next week. *(Te veré la semana siguiente.)*

➲ The boy is next to the tree. *(El niño está al lado del árbol.)*

➲ The market is right next to the church. *(El mercado está junto a la iglesia.)*

5.2 Práctica

A. Escribe la forma correcta del verbo "to be" y especifica a qué caso pertenece.

ubicación – salud – cambio de estado emocional o condición – opinión

1. Paris and Lyon _____ in France. (_____)
2. The girl _____ sick. (_____)
3. The people _____ sad. (_____)
4. Alex _____ thin. (_____)
5. We _____ here. (_____)
6. The food _____ delicious. (_____)
7. You _____ happy. (_____)
8. You _____ tired. (_____)

B. Ahora, practiquemos caso por caso.

Ubicación: completa la frase con la forma correcta de "to be" y traduce cada una de las frases.

Ejemplo: The dog <u>is</u> under the table. <u>El perro está debajo de la mesa.</u>

1. The book _____ on the shelf. _____
2. The computer _____ next to the printer. _____
3. The car _____ in the garage. _____
4. The coffee mug _____ on the counter. _____
5. The flowers _____ in the vase. _____

Salud: completa la frase con la forma correcta de "to be" y traduce cada una de las frases.

Ejemplo: I <u>am</u> tired. <u>Estoy cansado.</u>

6. He _____ sick. _____
7. She _____ well. _____
8. They _____ healthy. _____
9. We _____ exhausted. _____
10. You _____ fine. _____

Estado de ánimo: completa la frase con la forma correcta de "to be", y traduce cada una de las frases.

Ejemplo: They <u>are</u> happy. <u>Ellos estan felices.</u>

11. I _____ sad. _____
12. He _____ angry. _____
13. She _____ excited. _____
14. We _____ bored. _____
15. You _____ nervous. _____

Condición: completa la frase con la forma correcta de "to be", y traduce cada una de las frases.

Ejemplo: The food <u>is</u> delicious. <u>La comida es deliciosa.</u>

16. The movie _____ boring. _____
17. The weather _____ cold. _____
18. The music _____ loud. _____
19. The room _____ messy. _____
20. The shirt _____ clean. _____

Opinión: completa la frase con la forma correcta de "to be" y , y traduce cada una de las frases.

Ejemplo: I <u>am</u> sure.

21. He _____ convinced. _____

22. She _____ uncertain. _____

23. They _____ confident. _____

24. We _____ sure. _____

25. You _____ skeptical. _____

C. Haz frases completas utilizando la forma adecuada de "to be" (ya sea en su significado de "ser" o "estar") + las palabras entre paréntesis.

Ejemplo: Grandma (sick) Grandma is sick.

1.   Tim (Spanish) _____.

2.   The restaurant (closed) _____.

3.   Jason's daughters (blond and smart) _____.

4.   The problem (very easy) _____.

5.   The book (interesting) _____.

6.   You (angry) _____.

7.   The banana (yellow) _____.

8.   We (happy) _____.

9.   The picture (on the chair) _____.

10. The coffee mug (on the counter) _____.

Recuerda:

Los hablantes de inglés angloparlantes solo tienen un verbo (to be) para expresar todas estas situaciones para "ser" y "estar". Aquí tienes un resumen de los usos del verbo "to be" parecidos a los del verbo "ser" en español:

<u>Resumen de los usos del verbo "to be" parecidos a los del verbo "ser" en español</u>:

→ Para describir: **The flower is beautiful.**

→ Para indicar una profesión: **I am a lawyer.**

→ Para indicar de dónde es una persona: **They are from England.**

→ Para identificar atributos específicos de una persona, como su parentesco, nacionalidad, raza o religión: **He is intelligent.**

→ Para decir para quién o para qué está destinado algo: **The dog is for him.**

→ Para describir dónde tiene lugar un acontecimiento: **The party is at home.**

→ Para indicar una generalización: **It is important to study.**

→ Para expresar la hora, las fechas y los días de la semana: **It is Tuesday.**

→ Para expresar la edad de alguien: **She is nineteen years old.**

Ahora puedes ver un resumen de los usos del verbo "to be" parecidos a los del verbo "estar" en español:

→ Para expresar una ubicación: **She is in New York.**

→ Para describir el estado de salud: **He is sick.**

→ Para expresar el cambio de estado emocional o condición: **I am sad.**

→ Para expresar una opinión: **They are sure.**

5.3 In, on, at

Las preposiciones de lugar se utilizan para especificar dónde se encuentra alguien o algo. En inglés, las preposiciones de lugar son más precisas que en español. Por ello, para nosotros algunos de ellos pueden resultar confusos.

Empecemos por estos tres:

Preposición	Traducción
At	en, a
In	en, dentro
On	en, sobre

Como verás, "in", "on" y "at" pueden traducirse al español como "en". ¿Así que, cómo podemos diferenciarlos?

1. Se utiliza "in" cuando el objeto está dentro de algo y no encima de ese algo.

    Por ejemplo:

    The milk is in the refrigerator.   =   La leche está dentro(en) del(el) refrigerador.

    The keys are in my purse.   =   Las llaves están en mi bolsa.

2. "On" se utiliza para decir que el objeto está sobre algo.

    Por ejemplo:

    The apple is on the table.   =   La manzana está sobre la mesa.

    The computer is on the desk.   =   La computadora está sobre el
                                                    escritorio.

3. Finalmente, "at" se refiere a un lugar en general, un lugar de actividades o una
    dirección específica, entre otras cosas.

    Por ejemplo:

    She is at the office.   =   Ella está en la oficina.

    I live at number 28 St. John's Street. =   Vivo en el número 28 de la calle St.
                                                    John's.

Ahora veremos algunos de los errores más comunes al utilizar "at", "in" y "on":

1. Usar "in" en lugar de "on"

    X   The book is in the table.   =   X   El libro está dentro de la mesa.

    ✓   The book is on the table.   =   ✓   El libro está sobre la mesa.

2. Usar "in" cuando nos referimos a "at"

    My father is in the office.   =   Mi papá está en (dentro de) la oficina.

    My father is at the office.   =   Mi papá está en* la oficina.

    *no necesariamente dentro de su oficina, sino en su lugar de trabajo.

5.3 Práctica

Elige la preposición correcta ("**in**", "**on**" o "**at**") para completar cada frase.

1. She lives _____ a small apartment.
2. The book is _____ the table.
3. He likes to relax _____ the park.
4. They arrived _____ the airport.
5. The cat is sleeping _____ the bed.
6. We meet our friends _____ the cafe.
7. The pencil is _____ the drawer.
8. He plays soccer _____ the field.
9. The painting is hanging _____ the wall.
10. She works _____ a hospital.
11. The keys are _____ the car.
12. They have a picnic _____ the park.

LECCIÓN 06:

TENGO TU AMOR

6.1 Presente del verbo to have (Tener)

Ahora que ya conocemos el verbo más importante en inglés, "to be", vamos a presentar otro: "To have".

Este verbo es muy útil, ya que indica que posees algo. En español, sería "tener".

Aquí tienes la tabla con la conjugación del verbo "to have":

Pronombre + to have	Traducción
I have	Yo tengo
You have	Tú tienes
He, she, it has*	Él, ella, ello tiene
We have	Nosotros(as) tenemos
You have	Ustedes tienen
	Vosotros(as) tenéis
	Usted tiene
They have	Ellos(as) tienen

*Fijate que para los pronombres "he, she, it", el "have" cambian a "has".

Escucha una canción

¿Qué te parece escuchar una canción mientras practicas el verbo "to have"? Esta canción pertenece a Louis Armstrong, un prolífico cantante y trompetista de los Estados Unidos, quien también era conocido como "Satchmo", "Satch", o "Pops".

Esta es la letra de su canción. Intenta escucharla primero, leer la letra y, después de entenderla, intenta cantarla mientras la vuelves a escuchar. Sabemos que hay muchas palabras nuevas, pero no te preocupes. Esto te ayudará a entrenar el oído y a empezar a reconocer nuevos sonidos.

We **have** all the time in the world	*Tenemos todo el tiempo del mundo*
Time enough for life to unfold	*Tiempo suficiente para que la vida se manifieste*
All the precious things love has in store	*Todas las cosas preciosas que el amor tiene reservadas*
We **have** all the love in the world	*Tenemos todo el amor del mundo*
If that's all we have, you will find	*Si eso es todo lo que tenemos,*
usted encontrará	
We need nothing more	*No necesitamos nada más*
Every step of the way will find us	*Cada paso del camino nos encontrará*
With the cares of the world far behind us	*Con las preocupaciones del mundo muy lejos detrás de nosotros*
We **have** all the time in the world	*Tenemos todo el tiempo del mundo*
Just for love	*Sólo para amar*
Nothing more, nothing less	*Nada más, nada menos*
Only love	*Sólo amor*
Every step of the way will find us	*Cada paso del camino nos encontrará*
With the cares of the world far behind us	*Con las preocupaciones del mundo lejos*
detrás de nosotros	
We **have** all the time in the world	*Tenemos todo el tiempo del mundo*
Just for love	*Sólo para el amor*
Nothing more, nothing less	*Nada más, nada menos*
Only love	*Sólo amor*
Only love	*Sólo amor*

Tengo tu amor

Adjetivos de cantidad

También puedes describir sustantivos diciendo algo sobre su cantidad. Algunos cuantificadores en inglés son "much", "many", "few" y "little". Por ejemplo, "many dogs" (*muchos perros*) o "a few dogs" (*unos pocos/ algunos/ unos cuantos perros*).

Much y Many (*mucho/ mucha/ muchos/ muchas*)

⮌ Podemos usar "much" cuando nos referimos a una gran cantidad de algo que no podemos contar por unidad. Cuando usamos "much", debemos de usar el sustantivo en singular. Por ejemplo: much money, much coffee o much water (mucho dinero, mucho café, mucha agua).

⮌ Se utiliza "many" para cosas que se pueden contar, por ejemplo, cosas, personas o animales. Cuando usamos "many", el sustantivo debe ir en plural. Por ejemplo: many books, many people o many men (muchos libros, muchas personas, muchos hombres).

Cuantificador	Traducción
Many	muchos, muchas
Much	mucho, mucha

Little y Few (*poco/ poca/ pocos/ pocas*)

⮌ "Little" se emplea para cosas que no se pueden contar (parecido a "much"). Cuando usamos "little", debemos de usar el sustantivo en singular. Por ejemplo: little money, little coffee o little water (poco dinero, poco café, poca agua)

⮌ "Few" se utiliza para cosas que podemos contar (al igual que "many"). Cuando usamos "few", el sustantivo debe ir en plural. Por ejemplo: few books, few people o few men (pocos libros, pocas personas, pocos hombres).

Cuantificador	Traducción
Few	pocos, pocas/algunos, algunas
Little	poco, poca

6.1 Práctica

A. Completa las oraciones con la forma correcta de "to have".

Ejemplo: You _____ many parties. → You <u>have</u> many parties.

1. We _____ a very nice house.
2. Sophia and Paul _____ six televisions.
3. You and Sara _____ a lot of books.
4. Grandma _____ few problems.
5. I _____ two hands.
6. The movie theater _____ many seats.
7. That garden _____ many trees.
8. Roberto and I _____ a restaurant.
9. You _____ a very beautiful garden.
10. That museum _____ many interesting paintings.

B. Rellena los espacios en blanco con "much" o "many" para completar cada frase.

1. How _____ pencils do you have?
2. I do not have _____ money.
3. How _____ brothers and sisters do you have?
4. There are _____ students in our class.
5. How _____ languages can you speak?
6. I have _____ books to read.
7. How _____ hours do you sleep at night?
8. I do not have _____ time to watch TV.
9. How _____ friends do you have?
10. There isn't _____ milk in the fridge.

C. Rellena los espacios en blanco con "few" o "little" para completar cada frase.

1. I have _____ friends.
2. There is _____ sugar left.
3. He has _____ time.
4. I have _____ money.
5. There are _____ eggs.
6. She has _____ experience.
7. There is _____ milk.
8. I have _____ pencils.
9. He has _____ patience.
10. I have _____ free time.

6.2 Expresar la edad

Como ya lo hemos visto, en inglés, se usa el verbo "to be" (*ser/estar*) para expresar la edad, a diferencia del español, en donde usamos el verbo tener que se traduciría como "to have".

Tengo [número] años.   =   I am [number] years old.

En cuanto a los números, los estudiaremos más a fondo en el próximo capítulo pero de momento, aquí tienes algunas traducciones de **oraciones** que expresan la edad.

Frase para expresar la edad	Traducción
I am thirty years old	Yo tengo treinta años
You are twenty-three years old	Tú tienes veintitrés años
He/she is forty years old	Él/Ella tiene cuarenta años
We are fifteen years old	Nosotros/as tenemos quince años
You all are two years old	Ustedes tienen/tenéis dos años
They are eighteen years old	Ellos/ellas tienen dieciocho años

Un error común que cometen los hablantes de español es traducir directamente "Yo tengo 18 años" cómo "I *have* 18 years old". En inglés nunca se usa el verbo "to have" (*tener*) para hablar de la edad, se usa el verbo "to be" (*ser/ estar*).

X   I **have** thirty years old   ✓   I **am** thirty years old

X   How many years **do you have**?   ✓   How old **are** you?

6.2 Práctica

A.   Escribe la forma correcta de "to be" para expresar la edad de estas personas.

1.   Mario and Joseph _____ twenty-one years old.
2.   I _____ fifty years old.
3.   You _____ eighteen years old.
4.   Marina and I _____ thirty years old.
5.   You _____ twenty-five years old.
6.   My grandfather _____ seventy years old.
7.   My grandmother _____ is sixty-five years old.
8.   They _____ forty-two years old.

B. Indica si estas oraciones son correctas (✓) o incorrectas (X). Recuerda que para expresar la edad en inglés se utiliza "to be" (ser/estar), no el verbo "to have" (tener) como en español.

Ejemplo: **X** He has twenty years old.   ✓ He is twenty years old.

1. _____ We have sixty years old.
2. _____ You have forty years old.
3. _____ I am fifty-two years old.
4. _____ José and Daniel are thirty-five years old.
5. _____ You have fifteen.
6. _____ Mary has six years old.
7. _____ You and Miguel have seventy years old.
8. _____ Josefina has twenty-three years old.

C. Ahora reescribe aquellas oraciones que son incorrectas con la forma correcta del verbo "to be":

_____

_____

_____

_____

D. Completa las siguientes oraciones utilizando la forma verbal correcta de "to have".

1. I _____ a lot of shoes.
2. We _____ many friends.
3. Mark _____ a book.
4. You _____ many cats.
5. You _____ a nice grandmother.
6. She _____ a red pencil.
7. Carlos and Maria _____ a daughter.
8. You _____ an excellent system.
9. Laura _____ three sons.
10. She _____ an idea.

LECCIÓN 07:

UNO, DOS, TRES

Si vamos a expresar la cantidad de algo, es evidente que necesitamos conocer los números. Al igual que en español, los números son esenciales para decir la fecha y la hora.

7.1 Números

	Spanish	Pronunciation	English
0	zero	[zi-ro]	cero
1	one	[wuhn]	uno, una, un
2	two	[tu]	dos
3	three	[thri]	tres
4	four	[for]	cuatro
5	five	[fayv]	cinco
6	six	[sihks]	seis
7	seven	[seh-vihn]	siete
8	eight	[eyt]	ocho
9	nine	[nain]	nueve
10	ten	[tehn]	diez
11	eleven	[uh-leh-vihn]	once
12	twelve	[twehlv]	doce
13	thirteen	[thuhr-tihn]	trece
14	fourteen	[for-tin]	catorce
15	fifteen	[fihf-tin]	quince
16	sixteen	[siks-tin]	dieciséis
17	seventeen	[seh-vihn-tin]	diecisiete
18	eighteen	[ey-tin]	dieciocho
19	nineteen	[nain-tin]	diecinueve
20	twenty	[twuhn-i]	veinte

El número uno en inglés es "one", sin importar el género de la palabra, dado que en inglés los sustantivos no tienen género.

Entonces, tenemos lo siguiente:

Uno, dos, tres = One, two, three

Un perro = one dog

Una casa = one house

¡Vamos a practicar! ¿Estás listo?

7.1 Práctica

Traduce al inglés las siguientes oraciones usando "one".

1. Él tiene un restaurante. _____.
2. El profesor tiene un lápiz. _____.
3. Nosotros tenemos una gata. _____.
4. Uno, dos, tres, cuatro. _____.
5. Una mujer bella _____.
6. Una flor amarilla _____.
7. Un helado, por favor. _____.
8. Ellos tienen un sillón. _____.

7.2 "Hay": "There is" y "There are"

Declaraciones con "There is" y "There are"

"There is" y "There are" son dos formas de expresar la existencia de algo. Ambas se traducen como "hay". Como ya sabes, "hay" es una forma útil de describir el contenido o la disposición de algo. También puedes utilizar las preguntas: "is there?" y "are there?" para preguntar si hay algo. Pero ¿cuál es la diferencia y cómo se usa cada una de estas formas de "hay" en inglés? La única diferencia es que "there is" se utiliza para sustantivos en singular y "there are" para los plurales. Por ejemplo:

Singular:
There is a cat in the house.   =   Hay un gato en la casa.

Plural:
There are cats in the house.   =   Hay gatos en la casa.

Un error común que cometen los hablantes de español es escribir el artículo definido "the" (el/la/lo) después de "there is" y there are". Acuerdate que solo se pueden usar los artículos indefinidos "a" y "an". Por ejemplo:

X   En vez de decir: There is the pencil on the table.

✓   Dí: There is a pencil on the table.

TIP: Cuando debas utilizar "there are" para plural, tienes cuatro opciones a elegir para determinar la cantidad del objeto del que estés hablando: (a) sin artículo, (b) o puedes usar "a few", (c) "some" o (d) "many".

Singular:

There is an apple on the table.　　　　　　=　　Hay una manzana en la mesa.

Plural:

a.　There **are apples** on the table.　　　=　　Hay manzanas en la mesa.

b.　There **are a few* apples** on the table.　=　　Hay unas cuantas manzanas en la mesa.

c.　There **are some apples** on the table.　=　　Hay algunas manzanas en la mesa.

d.　There **are many apples** on the table.　=　　Hay muchas manzanas en la mesa.

*¡Ojo! Recuerda que "few" se utiliza para denotar un pequeño número de cosas, pero siempre un número mayor que uno. Por eso, se utiliza "There are" y el sustantivo plural ("apples").

Otros ejemplos de "there is" y "there are" son:

There is / There are	Traducción
There are fifteen dogs in the street.	Hay quince perros en la calle.
There is one person in the office.	Hay una persona en la oficina.
There is a tree in the yard.	Hay un árbol en el jardín.
There is a lot of food in the supermarket.	Hay mucha comida en el supermercado.
There are two German tourists on the train.	Hay dos turistas alemanes en el tren.

Por otro lado, aunque "there is" y "there are" pueden traducirse como "hay" en español, no se pueden utilizar para obligaciones. Es decir, para decir "hay que hacer la cama", diremos "we must make the bed" o "we have to make the bed", utilizando otro tipo de verbos llamados modales.

La forma negativa de "there is" y "there are"

Para expresar la "no existencia" de algo, basta con añadir un "not" después de "is" o "are". Por ejemplo:

Singular:

There **is not** a pencil on the table. (No hay ningún lápiz en la mesa.)
There **is not** a cat in the house. (No hay ningún gato en la casa.)

Plural:

There **are not** fifteen dogs in the street. (No hay quince perros en la calle.)
There **are not** two German tourists on the train. (No hay dos turistas alemanes en el tren.)

La forma interrogativa de "there is" y "there are"

Para preguntar por la existencia de algo, se debe invertir la estructura de la oración, utilizando primero "is" o "are" y después "there". Por ejemplo:

Oraciones interrogativas	Traducción
Are there two dogs in the street?	¿Hay dos perros en la calle?
Is there one person in the office?	¿Hay una persona en la oficina?
Is there a tree in the yard?	¿Hay un árbol en el jardín?
Is there a lot of food in the supermarket?	¿Hay mucha comida en el supermercado?
Are there two German tourists on the train?	¿Hay dos turistas alemanes en el tren?

La diferencia entre "there is/are" y "to be"

Utiliza "there is/are" cuando hables de la existencia de algo o alguien. Por ejemplo, "There is a museum in my city." (*Hay un museo en mi ciudad*).

En cambio, utiliza el verbo "to be" cuando hables de algo o alguien que está en alguna parte. Por ejemplo, "The school is on the corner." (*El colegio está en la esquina*).

Speak Abroad
Academy

7.2 Práctica

A. Observa estas **oraciones** y decide si son correctas o incorrectas. En el caso de que sean incorrectas, escribe la opción correcta al lado.

Ejemplo: ✓ There is a cat in the house.

1. There is the carpet in the house. _____
2. There are the tigers in the zoo. _____
3. There are apples in the supermarket. _____
4. There is a painting in the museum. _____
5. There are the offices in the building. _____
6. There are many children in the school. _____
7. There are the tourists in the city. _____
8. There are the people in the movie theater. _____

B. Traduce las siguientes oraciones al español.

Por ejemplo: Are there pencils in your house? ¿Hay lápices en tu casa?

1. Are there flowers in the garden? _____
2. Are there chairs in the office? _____
3. Are there cats in the street? _____
4. Are there hotels in the city? _____
5. Is there a television in the house? _____
6. Are there doctors in the hospital? _____
7. Is there a dog in the car? _____
8. Is there a radio in the car? _____
9. Are there two women in the fish store? _____
10. Are there tables in a restaurant? _____

C. Convierte estas oraciones afirmativas en oraciones negativas.

Por ejemplo: There is a book on the table: There is not a book on the table.

1. There are enough animals at the zoo: _____
2. There are a lot of children in the park: _____
3. There is a public phone on the street: _____
4. There are a lot of people in the restaurant: _____
5. There is a good hotel in the city: _____
6. There are many planets in the sky: _____

D. Completa los espacios en blanco con "there is", "there are", "is there", "are there", "is" o "are".

1. Where _____ the mail?
2. At school _____ a big park.
3. The church _____ on the corner.
4. The university _____ next to the park.
5. _____ very good restaurants in my town.
6. In the central square _____ two bars.
7. _____ a park there?
8. Yes, the park _____ over there.
9. Where _____ the park?
10. _____ a park nearby.

7.3 Hacer: to do/ to make

¡Es hora de aprender más verbos! "To do" y "to make" son verbos útiles que te permiten decir "hacer" y "fabricar" respectivamente. Veámoslo en más detalle:

> **TIP:** En inglés, los verbos regulares solo cambian su conjugación en el caso de "He/she/it", donde se agrega una '-s' al final si la palabra termina con una consonante. Si el verbo termina con 'o', agregamos '-es'.
>
> Mak<u>e</u> – "He make<u>s</u> the bed."
>
> Do – "She do<u>es</u> her hair."
>
> Aprenderemos más sobre esto en la siguiente etapa.

To do

"To do" es un verbo que se utiliza para referirse a acciones, tareas y trabajos cotidianos que pueden no producir un objeto físico. Además, se emplea cuando no proporcionamos detalles específicos sobre lo que estamos haciendo. La conjugación del verbo "to do" es la siguiente:

Conjugación del verbo "to do"	Traducción
I do	Yo hago
You do	Tú haces
He, she, it does	Él, ella, ello hace
We do	Nosotros(as) hacemos
You do	Vosotros(as) hacéis Ustedes hacen Usted hace
They do	Ellos(as) hacen

Speak Abroad
Academy

To make

"To make" es un verbo que se utiliza como sinónimo del verbo crear o "to create", específicamente para referirse a actividades que al realizarlas se produce algo tangible.

Conjugación del verbo "to make"	Traducción
I make	Yo fabrico
You make	Tú fabricas
He, she, it makes*	Él, ella, ello fabrica
We make	Nosotros(as) fabricamos
You make	Vosotros(as), fabricáis Ustedes fabrican Usted fabrica
They make	Ellos(as) fabrican

*En inglés, a diferencia del español, los verbos "to do" o "to make" no se usan para hablar del clima. Por ejemplo, para decir que "hace frío":

X En vez de decir: **✓** Dí:

It's making cold.   It's cold.
It's doing cold.

Otros ejemplos de cómo hablar del clima son:

It's hot.   →   Hace calor.

It's windy.   →   Hace viento.

It's sunny.   →   Está soleado.

También, aquí te dejamos más vocabulario para hablar sobre el clima:

Vocabulario	Ejemplo con "there is/are"	Ejemplo con "It's"
Clouds, cloudy (nubes, nublado)	There are clouds (Hay nubes)	It's cloudy (Está nublado)
Rain, rainy (lluvia, lluvioso)	There is rain (Hay lluvia)	It's rainy (Está lluvioso)
Snow, snowy (nieve, nevado)	There is snow (Hay nieve)	It's snowy (Está nevado)
Wind, windy (viento, ventoso)	There is wind (Hay viento)	It's windy (Está ventoso)

7.3 Práctica

A. Escribe cuál es el clima según lo que la gente lleva puesto o está haciendo.

1. María lleva pantalones cortos y camiseta: _____
2. Tomás lleva bufanda, guantes y chaqueta: _____
3. Luis lleva un rompevientos: _____
4. Teresa lleva protector solar: _____
5. Paula lleva un impermeable: _____
6. Guillermo está mirando la nieve por la ventana: _____
7. Carlos está mirando las nubes en el cielo: _____

Ahora, te dejamos más palabras para expandir tu vocabulario sobre lo cotidiano:

Vocabulario	Pronunciación	Traducción
Breakfast	[brehk-fihst]	el desayuno
Dinner	[dih-ner]	la cena
Exercise*	[ehk-suhr-saiz]	el ejercicio
Homework	[hom-wuhrk]	la tarea
Lunch	[luhnch]	el almuerzo
Sports*	[sports]	el deporte
Suitcase	[sut-kehys]	la maleta
Swimming	[swihm-ihng]	la natación
Teatime	[ti-taim]	el té
Yoga	[yo-guh]	yoga

*En español, usamos "hacer ejercicio" para hablar de la actividad física en general. En inglés, simplemente decimos "exercise" o "exercising" para referirnos a lo mismo.

B. Escoge entre los verbos "to do" o "to make" y utiliza sus formas adecuadas en las oraciones siguientes:

1. We _____ a plan.
2. Jane and Elizabeth _____ a cake.
3. I _____ many exercises.
4. The children _____ their homework.
5. He _____ breakfast.
6. My sister _____ yoga.
7. You _____ your hair
8. You _____ dinner.
9. Tom and Sara _____ the dishes.
10. Joshua _____ coffee.

Speak Abroad
Academy

7.4 Interrogación: "How much?" y "How many?"

Las preguntas son importantes ya que ¿de qué otra forma podríamos obtener información sobre otras personas? Empecemos con algunas de las **oraciones** interrogativas más importantes para la vida cotidiana.

How much? ¿Cuánto(a)?
How many? ¿Cuántos(as)?

Recordemos que, en inglés, "much" se utiliza para sustantivos incontables, mientras que "many" se utiliza para sustantivos contables.

Cuando preguntas a alguien cuánto café desea, esperas una respuesta como "mucho" ("a lot") o "no tanto" ("not that much"), ambas expresiones son incontables. Sin embargo, si le preguntas cuántos cafés desea, esperas una respuesta contable como por ejemplo "dos tazas" ("two cups") o "sólo una" ("just one"). Tenga en cuenta esta misma regla para determinar si debe utilizar: "how much?" (no contable) o "how many?" (contable).

7.4 Práctica

A. Completa los espacios en blanco con "how much" o con "how many".

1. _____ dogs do you have?
2. _____ food is there in the supermarket?
3. _____ cats are in the park?
4. _____ flowers are in the garden?
5. _____ languages do you speak?
6. _____ coffee is there?

B. Ahora vamos a relacionar "how many" con "there is/are". Responde a las siguientes preguntas utilizando los números en sus formas escritas.

Ejemplo: How many sofas are there in your house? There are two sofas in my house.

1. How many days (días) are there in a week (semana)?

   _____

2. How many weeks (semanas) are there in a month (mes)?

   _____

3. How many days (días) are there in a year (año)?

   _____

4. How many days (días) are there in a weekend (fin de semana)?

   _____

5. How many days are there in the month of February?

   _____

6. How many fingers are on your (tu) hand?

   _____

C. Escribe oraciones con las palabras que se sugieren. Modifica las palabras según sea necesario para que coincidan con los sustantivos y los números y añade artículos cuando sea necesario.

Ejemplo: There are/three/elephant/at/zoo: There <u>are</u> three elephants at the zoo.

1. There are/two/university/in/city:
2. There are/twenty/apple/in/basket:
3. There are/twelve/month/in/the/year:
4. There is/one/Statue of Liberty/in/New York:
5. There are/five/finger/on/hand:
6. There is/one/nose/on/your/face:
7. There are/a lot/of/building/in/town:

Speak Abroad
Academy

LECCIÓN 08:

SABER ES SABER QUE NO SABES NADA

8.1 Saber: To know

En español usamos el verbo "saber" para referirnos a un tipo de conocimiento muy específico. Sólo se utiliza cuando hablamos de conocer hechos, información y habilidades. Por ejemplo, sé matemáticas o sé nadar. Sin embargo, no puede utilizarse cuando hablamos de conocer personas, lugares o cosas. Por ejemplo, no suena común decir "yo sé Brasil" o "yo sé a Marta."

En cambio, utilizamos el verbo "conocer". Por ejemplo "yo conozco Brasil" o "yo conozco a Marta". En inglés, sólo existe un solo verbo para expresar ambos significados de saber y conocer. Ese verbo es "to know". Aquí está la conjugación en el presente:

Conjugación	Traducción
I know	Yo sé, conozco
You know	Tú sabes, conoces
He, she, it knows	Él, ella, ello sabe, conoce
We know	Nosotros sabemos
You know	Ustedes/Vosotros(as) saben, conocen Usted sabe, conoce
They know	Ellos saben, conocen

Algunas oraciones de ejemplo del verbo "to know" son:

She knows how to fix the car.	Ella sabe cómo arreglar el auto.
We do not know if she is at home.	Nosotros no sabemos si ella está en casa.
I do not know how to speak German.	No sé hablar alemán.
Do you know where the supermarket is?	¿Sabes dónde está el supermercado?
I do not know what to do.	No sé qué hacer.

8.1 Práctica

Escribe la forma adecuada del verbo "to know" en cada caso y traduce las oraciones.

1. We _____ Spanish.
2. You _____ Maria's phone number.
3. You all _____ the truth.
4. Does Elena _____ that poem?
5. I _____ the alphabet.
6. Laura _____ the lesson.
7. Peter and Arthur _____ math (matemáticas).
8. He _____ how to dance the waltz.
9. They _____ how to play the piano.
10. She does not _____ her name.

8.2 Conocer: To know

Por otro lado, usamos "conocer" cuando hablamos de conocer a ciertas personas o cosas. Por ejemplo, conozco a Luis. En inglés, conocer es "to know". Algunos ejemplos del verbo "to know" para conocer son:

Do you know Céline Dion?*	¿Conoces a Céline Dion?
My parents know your parents.	Mis papás conocen a tus papás.
We do not know the way to the beach.	No conocemos el camino a la playa.
We do not know anyone at the party	No conocemos a nadie en la fiesta.
He knows the city very well.	Él conoce muy bien la ciudad.

*En inglés, para decir que "conoces a alguien" sólo debes usar "to know + someone".

8.2 Práctica

A. Escribe la forma adecuada del verbo "to know" en cada caso y traduce las oraciones.

1. Stephanie and Gerry _____ the teacher's name.
2. Paul _____ Dr. Gray.
3. You _____ English.
4. We _____ math.
5. I _____ the house.
6. Heather _____ the city.
7. You _____ who you are.
8. He _____ the tourist.

Saber es saber que no sabes nada

B. Ahora vamos a ver si sabes identificar cuándo "to know" tiene el significado de "saber" y cuándo toma el significado de "conocer". Escribe la forma adecuada del verbo "to know" en cada caso y escoge entre "conocer" y "saber".

1. Thomas _____ the south of Spain. (_____)

2. You _____ how to count to ten in German. (_____)

3. Stephanie and Gerry _____ how to play golf. (_____)

4. He does not _____ if it's cold. (_____)

5. Maria _____ that avenue. (_____)

6. You _____ that story. (_____)

7. I _____ where Jorge lives. (_____)

8. You and Sara _____ the Monopoly rules. (_____)

C. ¿A quién conocen estos famosos? Escribe la frase adecuada, eligiendo una persona de la fila de la derecha y encontrando la pareja correcta a la izquierda. Recuerda que en inglés no se debe añadir una preposición después de "to know".

Ejemplo: Mr. Incredible knows Elastigirl.

Sherlock Holmes	Victoria Beckham
David Beckham	Dakota Johnson
Ashton Kutcher	Watson
Eve	Adam
Rhett Butler	Scarlett O'Hara
Hailey Bieber	Justin Bieber
Chris Martin	Mila Kunis

1. _____.
2. _____.
3. _____.
4. _____.
5. _____.
6. _____.
7. _____.

D. Escribe una frase siguiendo las pistas dadas:

Ejemplo: (to know) _____. (Laura/aunt Julia) → Laura knows Aunt Julia.

1. (to know) _____ (I/Professor White)

2. (to know) _____ (My sister and I/John's mother)

3. (to know) _____ (Maria and Luis/Sebastian)

4. (to know) _____ (You/Mrs.Robinson)

5. (to know) _____ (You/Aunt Julia)

6. (to know) _____ (Carlos/Aunt Julia)

7. (to know) _____ (Martin and Elena/Aunt Julia)

8.3 Conocer: To meet y to get to know

El verbo conocer tiene otros significados en español que en inglés: deben expresarse con otros verbos que no son "to know". Estos dos verbos son "to meet" y "to get to know". Aquí te dejo una explicación más detallada:

To meet

El verbo "to meet" a su vez tiene dos significados.

1. Conocer a alguien por primera vez

   Ejemplos:
I met her at a bazaar.	=	La conocí en un bazar.
My parents met at a party.	=	Mis papás se conocieron en una fiesta.

2. Reunirse o verse con alguien si no es el primer encuentro

   Ejemplos:
We met at a café for lunch.	=	Nos reunimos en un café para almorzar.
All the family met for Christmas.	=	Toda la familia se reunió para Navidad.

La conjugación para el verbo "to meet" en el presente es la siguiente:

Pronombre + Conjugación	Traducción
I meet	Yo conozco, me reúno
You meet	Tú conoces, te reúnes
He, she, it meets	Él, ella, ello conoce, se reúne
We meet	Nosotros conocemos, nos reunimos
You meet	Ustedes, Vosotros(as) conocen, conocéis, se reúnen, vos reunís. Usted conoce, se reúne
They meet	Ellos conocen, se reúnen

To get to know

Éste es una expresión compuesta de dos verbos "to get" y "to know", que significa literalmente "llegar a conocer", es decir, "conocer a alguien o algo de mejor manera".

Algunos ejemplos son:

I'm excited to get to know my new work colleagues.	Estoy entusiasmado por conocer a mis nuevos compañeros de trabajo.
She wants to get to know different cultures and traditions.	Ella quiere conocer diferentes culturas y tradiciones.

La conjugación para el verbo "to get to know" en presente es la siguiente:

Pronombre + Conjugación	Traducción
I get to know	Yo conozco a alguien mejor
You get to know	Tú conoces a alguien mejor
He, she, it gets* to know	Él, ella, ello conoce a alguien mejor
You get to know	Ustedes/ vosotros(as) conocen/ conocéis a alguien mejor
We get to know	Nosotros conocemos a alguien mejor
They get to know	Ellos conocen a alguien mejor

*Como verás, cuando se trata de una expresión compuesta por dos verbos, solo el primero se conjuga, y el segundo, se queda en infinitivo.

8.3 Práctica

Completa los espacios en blanco con la forma adecuada del verbo "to meet."

1. I _____ my family for dinner every day.
2. She _____ Shakira backstage after the concert.
3. We _____ at the park every Sunday.
4. They _____for the first time (por primera vez) at a conference (en una conferencia).
5. They _____ for a business meeting (para una reunión de negocios).
6. I hope to _____ some new people at the networking event.
7. We _____ our neighbors for the first time (por primera vez) at a gathering (en un encuentro).
8. You _____ your relatives at a family reunion.

8.4 Saber cómo hacer algo (to know + how + to _____)

Como ya hemos mencionado, para expresar que tenemos una habilidad usamos "to know". Podemos expresarlo de dos formas:

1. La primera que ya vimos es:
    to know + sustantivo
    Por ejemplo: **I know mathematics.** = Yo sé matemáticas.

2. La segunda es:
    to know + how + to do something (verbo en infinitivo)
    Por ejemplo: **I know how to speak French.** = Yo sé cómo hablar francés.

Aquí te dejo una lista de actividades deportivas y hobbies para que expandas tu vocabulario:

Verbo	Pronunciación	Traducción
To act	*[tu ahkt]*	actuar
To dance	*[tu dahns]*	bailar
To do gymnastics	*[tu du jihm-nahs-tihks]*	hacer gimnasia
To play basketball	*[tu pley bahs-kiht-bal]*	jugar al baloncesto
To play football	*[tu pley fut-bal]*	jugar al fútbol
To play golf	*[tu pley galf]*	jugar al golf
To play piano	*[tu pley pyah-noh]*	tocar el piano
To play tennis	*[tu pley teh-nihs]*	jugar al tenis
To sing	*[tu sihng]*	cantar
To speak	*[tu spik]*	hablar
To swim	*[tu swihm]*	nadar
To write novels	*[tu rayt na-vuhls]*	escribir novelas

8.4 Práctica

¿Qué saben hacer estas personas? Utiliza el verbo saber + el infinitivo y el complemento directo adecuados para completar las oraciones.

Ejemplo: Serena Williams knows how to play tennis.

1. Novak Djokovic _____
2. LeBron James _____
3. Tiger Woods _____
4. J. K. Rowling _____
5. Lionel Messi y Cristiano Ronaldo _____
6. Taylor Swift _____
7. Michael Phelps _____
8. Shakira _____
9. Meryl Streep _____
10. Simon Biles _____

LECCIÓN 09:
HABLANDO DE LO CUAL

9.1 Verbos regulares

En inglés, la mayoría de los verbos son regulares, es decir, que a la hora de conjugarlos según el pronombre que se utilice conservan su forma original y únicamente se les debe agregar una "-s" final a la tercera persona del singular, es decir, a "he, she, it". Aquí tienes una tabla con está información resumida:

Pronombres en singular	Pronombres en plural
I + V	We + V
You + V	You + V
He, she, it + V + "-s"	They + V

*V: Verbo en su forma infinitiva (sin el "to")

Aquí te dejamos algunos verbos regulares que debes conocer:

Verbo	Pronunciación	Traducción
To arrive	[tu uh-rayv]	llegar
To buy	[tu bai]	comprar
To drink	[tu drihngk]	beber
To eat	[tu it]	comer
To explain	[tu ehk-spleyn]	explicar
To fix	[tu fihks]	arreglar
To look	[tu luk]	mirar
To look for, to search for	[tu look for, tu suhr-ch]	buscar
To need	[tu nid]	necesitar
To pay	[tu pay]	pagar
To prepare	[tu preh-pair]	preparar
To return	[tu rih-tuhrn]	regresar
To sit	[tu sit]	sentarse

Verbo	Pronunciación	Traducción
To study	[tu stuh-di]	tomar
To take	[tu teyk]	estudiar
To teach	[tu tich]	enseñar
To travel	[tu trah-vuhl]	viajar
To work	[tu wuhrk]	trabajar

¡Ahora pongamos a prueba tus nuevas habilidades!

9.1 Práctica

A. Comprensión de lectura. Mira este diálogo. ¿Puedes traducir lo que dicen Luise y el tendero?

At the market

LUISE: Good morning, do you have bananas?

GROCER: Good morning. Yes, I have bananas.

LUISE: Oh, how much are they?

GROCER: It costs 2 dollars a pound.

LUISE: Very well. I need to buy two pounds.

GROCER: All right. Here you go.

LUISE: Thank you very much. Goodbye.

Glosario:

to have: tener
How much are...?: ¿Cuánto cuesta...?
Pound: libra
Here you go: aquí tiene

Vocabulario: la casa

Aquí tienes algunas palabras útiles que debes conocer. Todas ellas se refieren a distintas partes de la casa y a algunos objetos comunes que encontrarás en ellas.

Partes de la casa/ Objetos comunes	Pronunciación	Traducción
The bathroom	[thuh lihv-ihng rum]	el baño
The bedroom	[thuh day-nihng rum]	el dormitorio
The cup	[thuh kih-chihn]	la taza
The dining room	[thuh kuhp]	el comedor
The garage	[thuh glahs]	el garaje
The glass	[thuh rih-frihj-uhr-ey-duhr]	el vaso
The kitchen	[thuh oh-vihn]	la cocina
The living room	[thuh behd-rum]	la sala de estar
The mirror	[thuh guh-razh]	el espejo
The oven	[thuh stehrz]	el horno
The refrigerator	[thuh mir-uhr]	el refrigerador
The roof	[thuh bahth-ruhm]	el techo
The stairs	[thuh ruf]	las escaleras

B. Completa los espacios en blanco con el verbo adecuado. No te olvides de agregar la "s" al verbo si el pronombre es "he", "she" o "it".

need – prepare – sit – eat – fix – explain – drink – look – take – travel

1. We _____ in the living room and watch TV together.
2. She _____ in the dining room.
3. They _____ the bedroom to be silent. (para tener silencio)
4. He _____ out of the window and enjoys the view. (disfruta la vista)
5. Please _____ a cup from the cupboard. (una taza de la alacena)
6. She _____ breakfast in the kitchen every morning. (desayuna en la cocina todas las mañanas)
7. He _____ the broken chair in the dining room. (la silla rota en el comedor)
8. They love to _____ to different countries and explore new cultures. (a diferentes países y explorar nuevas culturas)
9. Can you _____ the rules of the game? (las reglas del juego)
10. She likes to _____ a glass of water. (un vaso de agua)

C. Completa los espacios en blanco con la palabra de vocabulario adecuada.

kitchen – refrigerator – dining room – cup – living room
1. The _____ is a comfortable place to relax.
2. The _____ is where we have our meals.
3. The _____ is where we prepare and cook our food.
4. The _____ is used to drink hot beverages like coffee or tea.
5. The _____ is used to store and keep food items cool.

D. Confirma si estas afirmaciones son verdaderas (true) o falsas (false), basándote en la información del párrafo anterior. Luego, corrige las oraciones falsas.

In the library

Marcos is in the library. He studies for a math test. The test is tomorrow. He reads many books. Marcos is worried. He studies hard. The test is very difficult.

---

1. Marcos is a teacher. _____
2. Marcos studies at home. _____
3. Marcos has an exam tomorrow. _____
4. The exam is very easy. _____

E. Completa las oraciones conjugando los verbos según la persona que realiza la acción.
1. My father _____ (work) Monday through Friday.
2. Your children _____ (watch) too much television.
3. You _____ (look) for good shoes.
4. Professor Newton _____ (teach) three classes.
5. I _____ (buy) fruits and vegetables every week.
6. Tina and Pedro _____ (take) the train to work.
7. We _____ (explain) to our children how to behave.
8. Mr. Romanelli _____ (fix) purses.

9.2 Hablar: To speak y to talk

"To speak" y "to talk" son dos verbos que tienen el mismo, o casi el mismo, significado en español. En muchos casos pueden traducirse como "hablar." Sin embargo, hay algunas diferencias.

1. "to speak" es más formal

   Por ejemplo:
   Un amigo te diría: **I need to talk to you.** *(Necesito hablar contigo.)*
   Tu jefe te diría: **I need to speak to you.** *(Necesito hablar contigo.)*

2. Cuando hablamos de idiomas, siempre se usa "to speak"

Por ejemplo:
How many languages do you speak? *(¿Cuántos idiomas hablas?)*
I speak Italian. *(Hablo italiano.)*

3. "to speak about" se utiliza para enfatizar a la persona que está hablando, con esto se entiende que la acción va en un sentido

Por ejemplo:
Dr. Joseph Spitzel speaks about the importance of eating well during the treatment. *(El Dr. Joseph Spitzel habló de la importancia de comer bien durante el tratamiento.)*

4. En cambio, "to talk" supone que el que está hablando no es más importante que el que lo escucha y por ende se entiende que hay un diálogo.

Por ejemplo:
Mark is talking to us about his dog. *(Mark nos está hablando de su perro.)*

5. Para decir que estamos hablando por teléfono usamos a ambas frases "to speak" y "to talk"

Por ejemplo:
I speak **to my sister on the phone.** *(Hablo por teléfono con mi hermana.)*
I'm talking **to my mother on the phone.** *(Estoy hablando por teléfono con mi madre.)*

Aquí te dejamos la conjugación del verbo "to speak" (hablar)

Pronombre + verbo conjugado	Traducción
I speak	Yo hablo
You speak	Tú hablas
He, she, it speaks	Él, ella, ello habla
You speak	Ustedes/vosotros(as) hablan, habláis Usted habla
They speak	Ellos(as) hablan

Y aquí te dejamos la conjugación del verbo "to talk" (hablar)

Pronombre + verbo conjugado	Traducción
I talk	Yo hablo
You talk	Tú hablas
He, she, it talks	Él, ella, ello habla
We talk	Nosotros hablamos
You talk	Ustedes/vosotros(as) hablan, habláis Usted habla
They talk	Ellos(as) hablan

La práctica hace la perfección: ¡intentémoslo!

9.2 Práctica

A. Completa los espacios en blanco con la forma adecuada del verbo "to talk" ("talk" o "talks") en presente.

1. She _____ to her friends every day.
2. We _____ about our hobbies and interests.
3. He _____ to his coworkers during lunchtime.
4. They _____ to each other in English class.
5. The children _____ and laugh during recess (y ríen durante el receso).

B. Completa los espacios en blanco con la forma adecuada del verbo "to speak" ("speak" o "speaks") en presente.

1. She _____ English fluently.
2. We _____ to our teacher in class.
3. He _____ Spanish and French.
4. They _____ to each other in their native language.
5. I _____ to my friends every day.

C. Completa los espacios en blanco con la forma adecuada de los verbos "to speak" o "to talk" (speak, speaks o talk, talks).

1. She _____ three languages fluently. She _____ to her friends on the phone every day.
2. We _____ to our teacher in class. We _____ about our weekend plans during lunch break.
3. He _____ Spanish and French. He _____ to his coworkers during lunchtime.
4. They _____ loudly at the party. They _____ to everyone in their native language.
5. My sister _____ on the phone for hours with her best friend.
6. He _____ confidently during public speaking events.

D. Elige el verbo adecuado "to talk" o "to speak" para completar cada frase. Recuerda conjugarlos adecuadamente para cada pronombre.

1. She _____ three languages fluently.
2. We _____ to our teacher in class.
3. He _____ on the phone with his friend.
4. They _____ about their favorite movies.
5. I _____ to my colleagues during meetings.
6. He _____ to the audience during the presentation.
7. They _____ loudly at the party.
8. She _____ with confidence in public.
9. We _____ about our plans for the weekend.
10. He _____ to his teammates during the game.

9.3 Preguntas en inglés

Hacer preguntas es un recurso esencial al momento de aprender un idioma, ya que nos permite obtener más información cuando entablamos una conversación en la vida real.

Preguntas con "to be"

La pregunta básica en inglés se forma con el verbo "to be". Permite obtener información sobre el estado, la situación o la ubicación de algo o alguien, y tiene la siguiente estructura:

to be (conjugado) + sujeto + lo que se está preguntando

Por ejemplo:

Is that an apple?   =   ¿Es eso una manzana?

Are you OK?   =   ¿Estás bien?

Is she home?   =   ¿Está ella en casa?

Preguntas con "to do"

El verbo "to do" tiene dos usos. El primero es su significado literal, en el que puede traducirse como "hacer". El segundo uso es como verbo auxiliar que nos ayuda a hacer preguntas con otros verbos.

Por ejemplo, en español, podemos preguntar "¿Él cocina bien?". En este ejemplo, usamos el verbo directamente para preguntar acerca de esa acción. Este tipo de preguntas solo acepta un tipo de respuesta: sí o no.

Sin embargo, esto no se puede hacer en inglés. Es incorrecto decir: "Cooks he good?". Lo correcto es formular nuestra pregunta de la siguiente manera:

to do (conjugado) + sujeto + verbo (en infinitivo) + complemento

Por ejemplo:

Do they play tennis?   =   ¿Ellos juegan tenis?

Does she talk too much?   =   ¿Ella habla mucho?

Do you understand?   =   ¿Tú entiendes?

De forma más natural, podemos entender la función del auxiliar "to do" traduciéndolo como "acaso."

Ahora, continuemos aprendiendo y practicando más verbos en inglés para comunicarnos mejor. Aquí otros ejemplos de verbos comunes:

Verbo	Pronunciación	Traducción
To believe	[tu believe]	Creer
To break	[tu breyk]	Romper
To come	[tu kuhm]	Venir
To go	[tu goh]	Ir
To learn	[tu luhrn]	Aprender
To put in	[tu put ihn]	Poner
To read	[tu rid]	Leer
To run	[tu ruhn]	Correr
To sell	[tu sehl]	Vender
To think	[tu thihngk]	Pensar
To turn on	[tu tuhrn auhn]	Prender
To understand	[tu uhn-duhr-stahnd]	Entender

Teoría, hazte a un lado; ¡Es hora de practicar!

9.3 Práctica

A. Comprensión de lectura. Responde a las siguientes preguntas de este texto. Ejemplo: Is the meat bad? <u>No, the meat is tasty.</u>

At the restaurant

We are at "Duke's" restaurant. There are fifteen people here. We all work together in the same office. We have a big table. The meat in this restaurant is very tasty. There is also chicken and fish. Everything is tasty. The waiter takes the order. He brings the food. We eat and drink very well.

Glosario:

in: en
all: todos
together: juntos
the same: la misma
very well: muy bien

coworkers: compañeros de trabajo
chicken: pollo
fish: pescado
everything: todo
waiter: mesero, camarero

also: también
order: pedido
meat: carne
of: de
this: este

1. Are there twenty people at the table?

   _____

2. Do they all work in the same office?

   _____

3. Do they have chicken and fish?

   _____

4. Do they have a small table?

   _____

B. Completa estas oraciones con la forma conjugada del verbo correcto en presente. Utiliza cada verbo una vez.

   drink – understand – turn on – read – run – eat – learn – sell

1. The child does not _____ the lesson.
2. Luis and Maria _____ the television.
3. The girl _____ to school to not be late.
4. We _____ cars.
5. You _____ in that excellent restaurant.
6. You and I _____ a lot of water.
7. Every Sunday I _____ the newspaper.
8. Every day you _____ something.

Speak Abroad
Academy

9.4 Más verbos regulares

Expandamos nuestro vocabulario con estos nuevos verbos:

Verbo	Pronunciación	Traducción
To climb	[tu klaim]	Subir, escalar
To decide	[tu dih-said]	Decidir
To discuss	[tu dihs-kuhs]	Discutir
To live	[tu lihv]	Vivir
To open	[tu oh-pihn]	Abrir
To receive	[tu ruh-siv]	Recibir
To share	[tu shehr]	Compartir
To suffer	[tu suh-fuhr]	Sufrir
To use	[tu yuz]	Usar
To want	[tu want]	Querer
To write	[tu rayt]	Escribir

En inglés, es necesario comenzar una oración con un sujeto, ya sea un pronombre o un sustantivo. Esto puede resultar confuso para hablantes de español, quienes están acostumbrados a omitir el sujeto sin perder claridad.

En español, la conjugación verbal varía según el sujeto, lo que permite omitirlo sin perder el sentido. Sin embargo, en inglés, la conjugación es más uniforme, por lo que es necesario mencionar el sujeto explícitamente. Para que entiendas mejor, te dejamos unos ejemplos:

X   En vez de decir

✓   Dí

- Want water. (Quiero agua.)
- I want water. (Yo quiero agua.)
- Cooks pasta. (Cocina pasta.)
- Maria cooks pasta. (Maria cocina pasta.)
- Barks. (Ladra.)
- The dog barks. (El perro ladra.)

¡Es hora de divertirse con la práctica!

9.4 Práctica

Completa estas oraciones con la forma adecuada en presente de los verbos correctos que aparecen en la lista. Un verbo debe utilizarse dos veces.

live – climb – write – receive – discuss – decide – share – open

1. The children _____ the candy (caramelos).

2. The students _____ the stairs to (para) math class.

3. Marcos _____ in the city. María _____ in the country.

4. I _____ the door (puerta).

5. You _____ your friends at your house.

6. You _____ letters (cartas) to your parents.

7. We _____ the news (las noticias).

8. You _____ to study English.

LECCIÓN 10:

¿QUÉ HORA ES?

Navegar por la vida cotidiana sería bastante difícil sin la capacidad de preguntar por y expresar la hora. En esta lección, repasaremos todo lo que necesitas saber para entender este componente crucial del lenguaje.

10.1 ¿Qué hora es?

Para preguntar "¿qué hora es?", en inglés, se dice "what time is it?". Si es la una, en el reloj, la respuesta será "It's one o'clock". "O'clock" quiere decir "en punto".

Si es un número superior a uno, lo expresarás como "it's two o'clock" o "it's three o'clock" y así sucesivamente.

It's one o'clock.	=	Es la una en punto.
It's four o'clock.	=	Son las cuatro en punto.
It's ten o'clock.	=	Son las diez en punto.
It's two o'clock.	=	Son las dos en punto.
It's eleven o'clock.	=	Son las once en punto.
It's six o'clock.	=	Son las seis en punto.
It's eight o'clock.	=	Son las ocho en punto.

Si, en cambio, no estás seguro sobre la hora que es, puedes decir "about" o "around" para expresar una hora aproximada.

It's about/ around nine o'clock.	=	Son alrededor de las nueve.
It's about/ around one o'clock.	=	Es alrededor de la una.

Si quieres decir que es "la hora y media", utiliza "thirty" (treinta) o "half past" (y media). Por ejemplo, para decir que son las ocho y media se dice "It's half past eight" o "It's eight thirty."

It's twelve thirty / It's half past twelve.	=	Son las doce y media.
It's ten thirty / It's half past ten.	=	Son las diez y treinta.
It's four thirty / It's half past four.	=	Son las cuatro y media.

Para indicar que es un número después de la hora, utiliza "past" + número de minutos: Por ejemplo, 7:20 → It's twenty past seven.

It's five past two.	=	Son las dos y cinco.
It's ten past six.	=	Son las seis y diez.
It's twenty past eight.	=	Son las ocho y veinte.
It's twenty-five past one.	=	Es la una y veinticinco.

Y para decir que faltan tantos *x* minutos para la hora siguiente, se dice número de minutos + to + hora siguiente. Por ejemplo, 7:42 → It's eight minutes to eight (faltan 8 minutos para las 8).

It's ten minutes to nine.	=	Son las nueve menos diez.
It's twenty minutes to one.	=	Es la una menos veinte.
It's five minutes to four.	=	Son las cuatro menos cinco.
It's twenty-five minutes to twelve.	=	Son las doce menos veinticinco.

En inglés, cuando es un cuarto de hora, se dice "a quarter past".

It's a quarter past seven.	=	Son las siete y cuarto.
It's a quarter past four.	=	Son las cuatro y cuarto.
It's a quarter past six.	=	Son las seis y cuarto.

Y cuando faltan quince minutos para la siguiente hora, en inglés se dice "a quarter to".

It's a quarter to eight.	=	Son las ocho menos cuarto.
It's a quarter to three.	=	Son las tres menos cuarto.
It's a quarter to one.	=	Es la una menos cuarto.

Otra forma de expresar el tiempo después de la hora es decir la hora + guión (-) + minutos. A esta forma de expresar la hora se le llama hora digital.

Por ejemplo: 1:15 → It's one-fifteen.

It's three-fifteen.	=	Son las tres y quince.
It's six-thirty.	=	Son las tres y treinta.
It's eight forty-five.	=	Son las ocho y cuarenta y cinco.

Recuerda que en algunos países donde predomina el habla inglesa como Estados Unidos, se utiliza el sistema de 12hs en vez del de 24hs, que es común en Latinoamérica. Entonces, por ejemplo, en vez de decir "son las trece horas" (it's thirteen), diremos "es la una p.m." (it's one p.m.). Otros ejemplos de esto son:

Son las catorce horas	=	It's two p.m.
Son las cinco de la tarde	=	It's five p.m.
Son las once de la mañana	=	It's eleven a.m.

¿Y las referencias a la hora del día? El inglés también especifica si algo ocurre por la mañana, al mediodía, por la tarde o por la noche.

of the morning	=	de la mañana: a.m.
of noon	=	del mediodía: p.m.
of the afternoon	=	de la tarde: p.m.
of the night	=	de la noche: p.m.
of midnight	=	de la medianoche: a.m.
It's at three in the morning	=	Es a las tres de la mañana (3:00 a.m.)
It's at eight in the evening	=	Es a las ocho de la noche (8:00 p.m.)
It's at twelve noon	=	Es a las doce del mediodía (12:00 p.m.)
It's at twelve midnight	=	Es a las doce de la medianoche (12:00 a.m.)

¡Es hora de arremangarse y practicar!

10.1 Práctica

A. What time is it? Indica con palabras qué hora es en cada reloj. Utiliza la hora analógica. Por ejemplo: dí "it's three past ten" en vez de "it's three ten."

1

3

2

4

1. _____

2. _____

3. _____

4. _____

B. What time is it? Escribe estas horas en sus formas analógicas.

1. 3:45: _____

2. 11:00: _____

3. 1:30: _____

4. 6:55: _____

5. 8:15: _____

6. 9:20: _____

C. Indique qué hora es y que se hará en esa hora. Ejemplo: 12:00 a.m. → It's twelve o'clock. It's time for lunch (Son las doce en punto. Es hora para el almuerzo). Algunas actividades que puedes utilizar son:

have dinner (cenar) – walk – work – watch television – run – return home (volver a casa)- pick my children up (buscar a mis hijos) – eat

1. 8:00 a.m.:

_____

2. 10:00 a.m.:

_____

3. 1:15 p.m.:

_____

4. 4:30 p.m.:

_____

5. 6:00 p.m.:

_____

6. 8:00 p.m.:

_____

10.2 ¿A qué hora es?

Para indicar a qué hora ocurre algo, en inglés se pregunta: "At what time is...?" (¿A qué hora es...?). Y la respuesta es: "At..." (A la/las...) o "It is at" (Es a la/las...)

En el lenguaje cotidiano, se puede omitir la expresión del verbo "It is" cuando se responde a un momento en que ocurre algo; por ejemplo: "At what time is lunch?" La respuesta sería "At eight in the evening" en vez de "It's at eight in the evening."

At what time is dinner?	¿A qué hora es la comida?
It's at one	Es a la una
At what time is the program?	¿A qué hora es el programa?
It's at three	Es a las tres

Antes de seguir con más ejercicios, te dejamos más vocabulario. Esta vez, el vocabulario es sobre eventos importantes en nuestro día a día.

Eventos	Pronunciación	Traducción
The appointment	[thuh uh-poynt-mihnt]	La cita
The class	[thuh klahs]	La clase
The event	[thuh uh-vehnt]	El evento
The lunch meeting	[thuh luhnch mih-dihng]	El almuerzo
The meeting	[thuh mih-dihng]	La reunión
The party	[thuh pardi]	La fiesta

Estudiantes, ¿listos para desafiarte a ti mismo?

10.2 Práctica

A. Responde a algunas preguntas más, incluyendo "in the morning", "in the afternoon", "at midnight" o "at noon" para hacerlo más completo.

Ejemplo: At what time is lunch? <u>At three in the afternoon.</u>

1. At what time is lunch? (12:00 p.m.) _____
2. At what time is your appointment? (4:00 p.m.) _____
3. At what time is your class? (8:00 a.m.) _____
4. At what time is the meeting? (11:00 a.m.) _____
5. At what time is the party? (12:00 a.m.) _____
6. At what time is the event? (3:00 p.m.) _____

B. ¿A qué hora viajamos a......? Forma frases según las pistas que te damos.

Ejemplo: London / 8:15 → At what time do we travel to London? At quarter past eight (¿A qué hora viajamos a Londres? A las ocho y cuarto.)

1. París / 12.00 p.m.

    _____

2. Madrid / 1:00p.m.

    _____

3. Praga / 5:30 a.m.

    _____

4. Lima / 9:15 a.m.

    _____

5. Buenos Aires / 8:45 p.m.

    _____

6. Washington / 5:20 p.m.

    _____

C. Traduce estas expresiones:

1. Son las once en punto: _____
2. Son las ocho y media: _____
3. Son las ocho de la mañana: _____
4. Son alrededor de las tres de la tarde: _____
5. Son las diez y media: _____
6. Son las cinco y media: _____
7. Son las siete y veinte: _____
8. Es la una menos veinte: _____
9. Son las dos menos cinco: _____
10. Son las seis menos veinte: _____
11. Son las ocho menos cuarto: _____
12. Son las cuatro y cuarto: _____

10.3 Días de la semana

Días de la semana	Pronunciación	Traducción
Monday	[muhn-dey]	Lunes
Tuesday	[tuz-dey]	Martes
Wednesday	[wehnz-dey]	Miércoles
Thursday	[thuhrz-dey]	Jueves
Friday	[frai-dey]	Viernes
Saturday	[sah-duhr-dey]	Sábado
Sunday	[suhn-dey]	Domingo

Hagamos algunas aclaraciones relacionadas a los días de la semana en inglés:

➲   Si quieres decir que haces algo un día determinado cada semana, dices:
    I work on Mondays. (Trabajo los lunes)

➲   Si quieres decir que haces algo de un día para otro, dices:
    I work from Monday to Friday. (Trabajo de lunes a viernes)

➲   Si quieres decir que haces algo los fines de semana, dices:
    I play tennis on the weekends. (Juego al tenis los fines de semana)

Comprensión de texto

Escucha la canción "Friday I'm in love!" (¡Viernes, estoy enamorado!), del grupo británico "The Cure". Esta canción evoca el sentimiento de felicidad que tenemos asociado a los viernes, un día muy esperado en diferentes culturas de todo el mundo. Intenta seguir la letra mientras escuchas.

I don't care if Monday's blue	*(No me importa si el lunes es triste)*
Tuesday's grey and Wednesday too	*(Martes y miércoles grises también)*
Thursday, I don't care about you	*(Jueves, no me importas tú)*
It's Friday, I'm in love	*(Es viernes, estoy enamorado)*
Monday you can fall apart	*(El lunes puedes desmoronarte)*
Tuesday, Wednesday break my heart	*(Martes, miércoles, desgarrar mi corazón)*
Oh, Thursday doesn't even start	*(Oh, el jueves ni siquiera comienza)*
It's Friday, I'm in love	*(Es viernes, estoy enamorado)*
Saturday, wait	*(Sábado, espera)*
And Sunday always comes too late	*(Y el domingo siempre llega demasiado tarde)*
But Friday, never hesitate	*(Pero el viernes, nunca vaciles)*
I don't care if Monday's black	*(No me importa si el lunes es negro)*
Tuesday, Wednesday, heart attack	*(Martes, miércoles, ataque al corazón)*
Thursday, never looking back	*(Jueves, nunca mirando atrás)*
It's Friday, I'm in love	*(Es viernes, estoy enamorado)*
Monday you can hold your head	*(El lunes puedes sostener tu cabeza)*
Tuesday, Wednesday, stay in bed	*(Martes, miércoles, quédate en la cama)*
Or Thursday watch the walls instead	*(O el jueves mira las paredes en su lugar)*
It's Friday, I'm in love	*(Es viernes, estoy enamorado)*
Saturday, wait	*(Sábado, espera)*
And Sunday always comes too late	*(Y el domingo siempre llega demasiado tarde)*
But Friday, never hesitate	*(Pero el viernes, nunca vaciles)*
Dressed up to the eyes	*(Vestido hasta los ojos)*
It's a wonderful surprise	*(Es una sorpresa maravillosa)*
To see your shoes and your spirits rise	*(Ver tus zapatos y tu ánimo elevarse)*
Throw out your frown	*(Tira tu ceño fruncido)*
And just smile at the sound	*(Y solo sonríe al sonido)*
Sleek as a shriek,	*(Elegante como un grito,*
spinning 'round and 'round,	*girando sin parar)*

Always take a big bite	*(Siempre toma un gran bocado)*
It's such a gorgeous sight	*(Es una vista tan hermosa)*
To see you eat in the middle of the night	*(Verte comer en medio de la noche)*
You can never get enough	*(Nunca puedes tener suficiente)*
Enough of this stuff	*(Suficiente de estas cosas)*
It's Friday, I'm in love	*(Es viernes, estoy enamorado)*
I don't care if Monday's blue	*(No me importa si el lunes es triste)*
Tuesday's grey and Wednesday too	*(Martes y miércoles grises también)*
Thursday, I don't care about you	*(Jueves, no me importas tú)*
It's Friday, I'm in love	*(Es viernes, estoy enamorado)*
Monday you can fall apart	*(El lunes puedes desmoronarte)*
Tuesday, Wednesday, break my heart	*(Martes, miércoles, desgarrar mi corazón)*
Thursday doesn't even start	*(El jueves ni siquiera comienza)*
It's Friday, I'm in love	*(Es viernes, estoy enamorado)*

10.3 Práctica

A. Responde a estas preguntas sobre la canción "Friday I'm in Love".

1. What color is Monday? _____

2. What days of the week are mentioned? _____

3. Is the singer happy about Fridays? _____

4. What can you do on Tuesdays and Wednesdays? _____

B. Observa el horario de Monica y responde a las siguientes preguntas:

	Monday	Tuesday	Wednesday	Thursday
9:15	Pay the bills			Have coffee with Elena
10:30	Study	Study	Study	Study
11:45				
4:15	Pick up the children from school	Pick up the children from school	Pick up the children from school	Pick up the children from school
6:45	Make dinner	Make dinner	Make dinner	Make dinner
8:15	Have dinner	Have dinner	Have dinner	Have dinner

	Friday	Saturday	Sunday
9:15			
10:30	Study	Play tennis	Play golf
11:45			
4:15	Pick up the children from school		
6:45	Make dinner	Go to a restaurant	Order Pizza
8:15	Have dinner		

1. At what time does Monica pick up the children from school? _____
2. At what time does she pay the bills? _____
3. At what time does she study? _____
4. When does she study? _____
5. When does she play tennis? _____
6. When does she play golf? _____

10.4 Meses del año

Meses	Pronunciación	Traducción
January	[jahn-yu-ehr-i]	Enero
February	[feh-byu-eh-ri]	Febrero
March	[march]	Marzo
April	[ey-pruhl]	Abril
May	[mey]	Mayo
June	[yun]	Junio
July	[yuh-lai]	Julio
August	[ah-guhst]	Agosto
September	[sehp-tehm-buhr]	Septiembre
October	[ak-to-buhr]	Octubre
November	[no-vehm-buhr]	Noviembre
December	[dih-sehm-buhr]	Diciembre

Ahora que estamos aprendiendo sobre los marcadores de tiempo, resulta útil conocer el pronombre interrogativo "when?"

"When" es parte de los llamados pronombres interrogativos WH. Estos pronombres se llaman WH porque todos empiezan con las dos letras 'wh', excepto por "how?" (cómo?), que comienzo con 'ho'. Las preguntas WH nos ayudan a pedir más información sobre cosas, lugares, tiempo, personas o razones. Se forman con la siguiente estructura:

WH + verbo to be + sujeto + complemento

Pronombre interrogativo WH	Traducción
What	Qué
Who	Quién
When	Cuándo
Where	Dónde
Which	Cuál
Why	Por qué
Whose	De quién
How	Cómo

Regresando a las fechas, se puede usar "when" y "what" de la siguiente manera:

What is today's date?   ¿Qué fecha es hoy?
Today is August 18th.   Hoy es 18 de agosto.
Today is May 1st.   Hoy es el primero de mayo

When is your birthday?   ¿Cuándo es tu cumpleaños?
My birthday is on June 2nd.   Mi cumpleaños es el 2 de junio.

When is the party?   ¿Cuándo es la fiesta?
The party is on October 8th.   La fiesta es el 8 de octubre.

Cuando se dice la fecha, en inglés, normalmente se utilizan los números ordinales en todos los casos. Estos son algunos de ellos:

Números ordinales	Traducción
First	Primero
Second	Segundo
Third	Tercero
Fourth	Cuarto
Fifth	Quinto
Sixth	Sexto
Seventh	Séptimo
Eighth	Octavo
Ninth	Noveno
Tenth	Décimo
Eleventh	Onceavo
Twelfth	Doceavo
Thirteenth	Decimotercero
Fourteenth	Decimocuarto
Fifteenth	Decimoquinto
Sixteenth	Decimosexto
Seventeenth	Decimoséptimo
Eighteenth	Decimoctavo
Nineteenth	Decimonoveno
Twentieth	Vigésimo
Twenty-first	Vigésimo primero
Twenty-second	Vigésimo segundo
...	...
Thirtieth	Trigésimo

TIP: En inglés, se usan mayúsculas en la inicial de los días de la semana y los meses.
Por ejemplo:
Today is Monday January 6th, 2019. (Hoy es lunes 6 de enero de 2019.)

Además, el año se divide en cuatro estaciones: summer (verano), autumn/fall (otoño), winter (invierno) y spring (primavera).

Es hora de practicar lo que hemos aprendido: ¡sumergámonos!

10.4 Práctica

A. Responde a estas preguntas sobre acontecimientos importantes alrededor del mundo:

1. When is your birthday?

   _____

2. When is the Independence Day of the United States?

   _____

3. When does summer start (empezar) in Europe?

   _____

4. When is Christmas Day?

   _____

5. When is New Year's Day?

   _____

B. Escribe la estación del año con la que relacionan las siguientes palabras:

Estaciones: spring – summer – autumn – winter

1. Flowers → _____
2. Sun → _____
3. Dry leaves → _____
4. Heat → _____
5. Wind → _____
6. Snow → _____
7. Ice → _____

LECCIÓN 11:

SÍ, SEÑOR. NO SEÑOR

Las **oraciones** afirmativas y negativas son una parte importante de las conversaciones cotidianas. Cuando utilizamos una frase afirmativa, estamos diciendo que algo es así o que algo ha sucedido. Es una afirmación positiva. En cambio, las oraciones negativas expresan que algo no es o que algo no ocurrió. Es lo contrario de una frase afirmativa.

Una frase afirmativa sería "the cat is blue" (el gato es azul). Contrario a ésta, una frase negativa sería "the cat is not blue" (el gato no es azul). Así que, ¿cómo se construyen las **oraciones** positivas y negativas en inglés?

11.1 Oraciones afirmativas y negativas

Ya hemos tratado muchas **oraciones** afirmativas en este libro. Al construir una oración afirmativa en inglés, el sujeto (el sustantivo) suele ir al principio de la oración. Después del sustantivo, añadimos el verbo. Terminamos con una frase como:

The dog jumps. *(El perro salta.)*

También hay **palabras** que, por defecto, son afirmativas. Por ejemplo:

Palabras afirmativas	Traducción
Someone, anyone	Alguien
Something, anything	Algo
Always	Siempre
Sometimes	A veces, algunas veces
Also, too, as well	También, de igual forma
A, any	Algún, alguno, alguna
Some, any	Algunos, algunas
And	Y
Or	O

Volvamos a la frase "el perro salta". ¿Y si quisiéramos convertir esta frase a negativa y afirmar que "el perro no salta?"

Para ello, justo después del sustantivo añadiremos el auxiliar 'do' (conjugado) + la partícula negativa 'not' + verbo en indicativo (no conjugado). Entonces quedaría como:

The dog **does not** jump. *(El perro no salta.)*

Hagamoslo de nuevo. Tomemos nuestro primer ejemplo de "el gato es azul." Si quisiéramos negar que el gato es azul, la composición de nuestra frase cambia, porque estaríamos negando el verbo "to be". El verbo "to be" no necesita del auxiliar 'do' para construir la negación. La negación con "to be" se construye de la siguiente forma:

Sustantivo + 'to be' (conjugado) + 'not' + complemento (aquello que no es)

Por ejemplo:

The cat **is not** blue. *(El gato no es azul.)*

Tanto para la negación con el auxiliar 'do' como para el verbo 'to be', se puede usar una forma acortada. Esta forma acortada se usa mayormente al oral y en escritos informales. Aquí te dejamos todas las formas contraídas:

Forma completa	Forma corta
I am not = I'm not	I do not... = I don't
You are not = You aren't	You do not = You don't
He, she, it is not = He, she, it isn't	He, she, it does not = He, she, it doesn't
We are not = We aren't	We do not = We don't
You are not = You aren't	You do not = You don't
They are not = They aren't	They do not = They don't

Al igual que hay palabras afirmativas, también las hay intrínsecamente negativas. Por ejemplo, tenemos:

Palabras negativas	Traducción
No	No
No one, nobody	Nadie
Nothing	Nada
Never	Nunca, jamás
Neither, either	Tampoco
None, not one	Ningún, ninguno, ninguna
Nor, not even	Ni
Neither... nor...	Ni... ni...

¿Sabes lo que es una doble negación? Las utilizamos en inglés todo el tiempo cuando hablamos. Aunque técnicamente no son gramaticalmente correctas en ningún idioma, son muy comunes en el habla cotidiana e informal.

Una frase con doble negación ocurre cuando combinamos dos palabras negativas en la misma frase. Por ejemplo, "Él no hizo nada" o "No vi a nadie." Son confusas porque el significado técnico es distinto del que se les da. Cuando alguien dice "Ella no hizo nada" quiere enfatizar que "Ella no hizo algo."

Para construir la doble negación en inglés, tienes que negar la frase como ya lo hemos visto y luego agregar una negativa después del verbo. Por ejemplo:

She doesn't have nothing. *(Ella no tiene nada.)*
He doesn't do anything. *(Él no hizo nada.)*
I don't see nobody. *(No veo a nadie.)*

De forma sencilla:

Sustantivo + auxiliar 'do' + partícula negativa 'not' + verbo en indicativo (no conjugado) + palabra negativa

Veamos las siguientes **oraciones** negativas y doblemente negativas:

The girl doesn't eat nothing.	La niña no come nada
I don't know nothing.	Yo no sé nada
The boy doesn't understand nothing.	El niño no entiende nada
Jason doesn't buy nothing in the supermarket.	Jason no compra nada en el supermercado
We don't need nothing.	Nosotros no necesitamos nada

Las palabras negativas que se utilizan para formar oraciones doblemente negativas en español son:

1. Adverbios de negación (ver más abajo)
2. Pronombres indefinidos ('anything,' 'something,' etc.)

Adverbios de negación

Adverbio de negación	Traducción	Ejemplos
No – not	No	No, that's not my dog. *(No, ese no es mi perro.)*
Never	Nunca	I never go shopping. *(Nunca voy de shopping.)*
Neither - nor	Ni, ni	I like neither coffee nor tea. I play neither tennis nor golf.

Neither – nor: se usan juntos para negar dos partes de la frase. En español, es similar a la estructura: "ni una cosa ni la otra".

'Neither' y 'nor' se ponen antes de los sustantivos que se quieren negar y, a diferencia del español, no se debe utilizar la forma negativa de la frase.

Por ejemplo:

Neither my dog nor my cat likes to swim. *(Ni a mi perro ni a mi gato les gusta nadar.)*
They speak neither English nor French. *(Ellos no hablan ni inglés ni francés.)*

Not – or: es otra forma para negar la frase sin poner énfasis como los elementos, como en el ejemplo anterior. Para esta forma se usa la forma negativa de la frase y se utiliza 'or' para añadir a la negación otro elemento.

Por ejemplo:

I don't like swimming or tennis. *(No me gusta ni la natación ni el tenis.)*
Jane doesn't eat vegetables or fruits. *(Jane no come ni frutas ni verduras.)*

Never: se usan para negar rotundamente la posibilidad de algo. Se forma reemplazando 'do + not' por 'never'.

Por ejemplo:

I never go to a restaurant. *(No voy nunca a un restaurante.)*
Leon never visits Elena. *(Leon no visita nunca a Elena.)*

11.2 Pronombres indefinidos

Los pronombres indefinidos negativos se utilizan para expresar la negación o ausencia de algo de manera general o indefinida. Estos son algunos de ellos:

Pronombres indefinidos negativos	Traducción
Anyone, anybody, nobody, no one	Nadie, cualquier persona, ninguno, ninguna, nadie
Anywhere, nowhere	Cualquier lugar, ningún lugar
Anything, nothing	Cualquier cosa, nada

Ejemplos:

1. There is nothing to eat in the house. *(No hay nada para comer en la casa)*
2. I have nothing to eat. *(No tengo nada que comer)*
3. I cannot* ask anyone to come with me. *(No puedo pedirle a nadie que venga conmigo)*
4. He/she does not need anything. *(No necesita nada)*
5. There is no one in the city. *(No hay nadie en la ciudad)*

*cannot: can + not

TIP: Las oraciones con pronombres indefinidos donde se utiliza 'any' necesitan de la negación con 'not'.

X Incorrecto: "I don't have nothing to wear." (No tengo nada para vestirme)

✓ Correcto: "I don't have <u>any</u>thing to wear." (No tengo nada que vestirme)

¿Listo para aplicar lo que sabes? ¡Vamos a practicar!

11 Práctica

A. Responde a estas preguntas sobre el diálogo.

Isabel:	Do you want something to eat? *(¿Deseas algo para comer?)*
Teresa:	No, thank you. I won't eat anything. *(No, gracias. No voy a comer nada.)*
Isabel:	And something to drink? *(¿Y algo para beber?)*
Teresa:	I won't drink anything either. *(Tampoco beberé nada.)*
Isabel:	You really don't want anything? *(¿No deseas nada en serio?)*
Teresa:	I never have anything for dinner. *(Nunca ceno nada.)*
Isabel:	You never eat anything at night? *(¿Jamás comes por la noche?)*
Teresa:	No. I sleep better. *(No. Duermo mejor.)*

1. Does Teresa want something to eat?
   _____

2. Does Teresa want something to drink?
   _____

3. Does Teresa want something to eat?
   _____

4. Does Teresa ever eat dinner at night?
   _____

B. Escribe el contrario de cada uno de los siguientes pronombres indefinidos.

1. something _____

2. someone _____

3. some _____

4. always _____

5. also _____

6. nothing _____

7. no one _____

8. none _____

9. never _____

10. neither _____

C. Traduce lo siguiente utilizando **one, a, an, any** (*algún, alguno, alguna*), **some, any** (*algunos, algunas*), y **none, no one** (*ninguno, ninguna*).

1. ¿Tienes alguna fruta?

_____

2. ¿Tienes algún suéter?

_____

3. No tengo ninguna camisa.

_____

4. ¿Compraste alguna blusa?

_____

5. No, no compré ninguna blusa.

_____

6. ¿Hay algunos niños en la piscina?

_____

7. No, no hay ningún niño en la piscina.

_____

8. ¿Tienes algún gato en casa?

_____

9. No, no tengo ningún gato en casa.

_____

10. ¿Tienen alguna maleta en el coche?

_____

11. No, no tengo ninguna maleta en el coche.

_____

D. Responde a estas preguntas, primero afirmativamente y, después, negativamente. Ejemplo: Is there anything in the refrigerator? = Yes, there is. No, there is nothing.

1. Is there anything in the oven?

_____

2. Is there anything in the suitcase?

_____

3. Is there anything on the table?

_____

4. Is there anything in the room?

_____

5. Is there anything in the wallet?

_____

6. Is there anything in the car?

_____

E. Responde a estas preguntas, primero afirmativamente y, después, negativamente.
    Ejemplo: Is there anyone in the library? → Yes, there is. No, there is no one.

1. Is there anyone in the garden?

    _____

2. Is there anyone in the house?

    _____

3. Is anyone at the fish market?

    _____

4. Is there anyone in the office?

    _____

5. Is there anyone in the street?

    _____

6. Is there anyone in the building?

    _____

F. Responde a estas preguntas, primero afirmativamente y luego negativamente. Ejemplo:
    Are there any paintings in the museum? → Yes, there are some. No, there are none.

1. Are there any flowers in the garden?

    _____

2. Are there any children in the school?

    _____

3. Are there any books in the library?

    _____

4. Are there any people at the party?

    _____

5. Are there any chairs in the classroom?

    _____

6. Are there any dogs in the park?

    _____

G. Expresa estas oraciones utilizando la negación. Ejemplo: There is something interesting
    in cinema → There is nothing interesting in cinema.

1. There is something delicious in the kitchen (nothing):

    _____

2. I have some flowers in my garden (no):

    _____

3. Maria always studies at home and at school. (never-nor):

    _____

4. Sofia always studies the lesson (never):

   _____

5. They put something in the car (nothing):

   _____

6. They always welcome their friends (never):

   _____

7. They have some bananas in that supermarket (no):

   _____

H. Elige entre estos pronombres indefinidos o estos adverbios negativos para completar las oraciones:

   nothing – nobody – none – no – nor (or), never – neither – either – ever

   1. There is _____ in the refrigerator.
   2. Maria and Daniel _____ argue.
   3. I don't like meat _____ chicken.
   4. I like _____ about that young man.
   5. _____ knows his name.
   6. I don't want to go to the restaurant. You don't want to go _____.
   7. There is _____ hotel in this city.
   8. _____ flower is as beautiful as this one.

I. Responde a las siguientes preguntas con una respuesta negativa. Usa el pronombre indefinido adecuado: **anything, nothing, none, never,** o **no.**

   Ejemplo: Did he want anything? → No, nothing.

   1. Do you share anything? No, _____.
   2. Does Tomás receive anything for his birthday? No, _____.
   3. Is there a restaurant on this street? No, _____.
   4. Do you sing sometimes? No, _____.
   5. Did they do any work in the morning? No, _____.
   6. Do they read any newspapers on Sundays? No, _____.
   7. Are there any flowers in the winter? No, _____.
   8. Do you always go to the supermarket on Saturdays? No, _____.
   9. Do tourists visit any parks? No, _____.
   10. Did you eat any cake? No, _____.

J. Convierte estas oraciones en negativas.

1. He is always sad. (never)

    _____

2. There are sports games to watch today. (no)

    _____

3. Maria needs to buy books, too. (doesn't)

    _____

4. This supermarket is kind of small. (big)

    _____

5. Someone is studying in the library. (no one)

    _____

6. Many girls dance at school. (no)

    _____

7. Joe never buys milk. (always)

    _____

8. Martin drinks water. (never)

    _____

9. You always clean the house. (never)

    _____

10. I know all his friends. (none of)

    _____

LECCIÓN 12:
TÚ, USTED Y USTEDES

No te dejes intimidar por esa palabra tan grande. Las conjunciones son algunos de los componentes más comunes del lenguaje cotidiano. Conectan otras palabras, **oraciones, frases** y cláusulas. Por ejemplo, en la última oración, la conjunción era "y", porque une la palabra cláusula con el resto de la oración.

Otros ejemplos de conjunciones son "o" y "pero." Nos permiten decir cosas como 'Ella vino, pero no entró'.

Si aprendes las conjunciones, podrás construir **oraciones** un poco más complejas. Aunque no son difíciles de construir, estas expresiones pueden agregar un nivel adicional de significado.

En inglés, al igual que en el español, hay dos tipos de conjunciones:

→ Conjunciones coordinantes ("pero", "y", "o")

→ Conjunciones subordinantes ("porque", "aunque")

¿Cuál es la diferencia?

Las conjunciones coordinantes unen dos partes de una frase que tienen la misma importancia, por ejemplo: "A Tina le encanta Instagram y a Bob le encanta Facebook." Sabes que son iguales porque si quitaras la conjunción, seguirías entendiendo que a Tina le encanta Instagram y a Bob Facebook.

En cambio, las conjunciones subordinantes conectan partes de una frase que no transmiten el mismo mensaje cuando son independientes. Por ejemplo: "A Tina le encanta Instagram porque es aficionada a la fotografía." Si eliminas la conjunción de esta frase, no entenderías que la razón de que a Tina le encante Instagram es porque es aficionada a la fotografía.

Estas mismas diferencias se aplican a las conjunciones coordinantes y subordinantes en inglés. Comprender su finalidad te ayudará a manejarlas. Vamos, aquí te dejo una lista más completa de las conjunciones coordinantes.

12.1 Conjunciones coordinantes

Conjunciones coordinantes			
Combinar elementos (conjunciones copulativas)	**and**	y, e	He eats and drinks. *(Come y bebe)*
	nor	ni	He doesn't eat bread nor crackers. *(No come ni pan ni galletitas)*
Mostrar una oposición o diferencia (conjunciones adversativas)	**but, yet**	pero, más, sino	He's intelligent but lazy. *(Es inteligente pero perezoso)*
	however, nevertheless	sin embargo	She has a lot of money however she doesn't share it. *(Tiene mucho dinero; sin embargo, no lo comparte)*
	even if, though, although	aunque	The movie is good, even if it's long. *(La película es buena, aunque larga)*
Mostrar opciones (conjunciones disyuntivas)	**or**	o, u	Laurie comes back at 12:00 p.m. or at 1:00 p.m. *(Laurie regresa a las 12:00 p.m. o a la 1:00 p.m.)*
Mostrar alternancia (conjunciones distributivas)	**either... or**	O bien... o bien	Either they study in the park or in the library. *(O bien estudian en el parque, o bien en la biblioteca)*
	both	tanto... como	Both Pedro and María are good students. *(Tanto Pedro como María son buenos estudiantes)*
	whether... or	ya... ya	Marriage is sharing life whether in happiness or in sorrow. *(El matrimonio es compartir la vida ya en las alegrías, ya en las tristezas)*
Mostrar consecuencia	**so**	así que, entonces	He's been working all day, so he's very tired. *(Ha estado trabajando todo el día, así que está muy cansado)*

Speak Abroad
Academy

12.1 Práctica

A. Escoge la conjunción correcta: **"and"** u **"or."** Si la frase no está traducida, adelante, tradúcela.

1. María e Inés: _____.
2. Hay diez u once niños: _____.
3. Toma la llave e intenta abrir la puerta: Get the key _____ try to open the door.
4. Él nos llama y nos invita: _____.
5. Ella vio algo o escuchó un ruido: She saw something _____ heard a noise.
6. Ella sabe leer y escribir muy bien: _____.

B. Completa los espacios en blanco con las conjunciones: **and, or,** o **but.**

1. The boy eats a banana _____ an apple.
2. Does Martin work _____ study?
3. I'm looking for my dog _____ I can't find him.
4. I repeat it two _____ three times (veces).
5. You sang _____ you danced all night.
6. I am French _____ I live in Italy.
7. You arrive at eight _____ nine in the morning.
8. Luisa works hard _____ earns little.

C. Practiquemos las conjunciones adversativas: **but, however, although, even though.** Completa los espacios en blanco con la conjunción correcta:

1. I eat little _____ I am fat.
2. He doesn't work in the office today _____ tomorrow.
3. Tomás knows a lot _____ he is a humble person.
4. He has a car, _____ he likes to walk.
5. He travels a lot; _____ he doesn't have much money.
6. _____ I don't get the newspaper, I read it every day.

D. Encierra en un círculo la conjunción correcta en cada frase.

1. I walk every day { because / however } it is good for your health.
2. The boys eat at a restaurant every day { but / nor } the girls eat at home.
3. Teresa learns German { nor / although } she does not need to.
4. { Neither / However } Lena { nor / but } Christian drink wine.
5. Linda { and / or } Hilary are lawyers.
6. { Although / Both } Peter { and / nor } Sonia are French.
7. We buy { and / but } sell used clothes.
8. There is no food at home { so / but } , let's go to a restaurant
9. He studies a lot; { although / however } he doesn't learn much.

12.2 Conjunciones subordinantes

Como ya hemos dicho, las conjunciones subordinantes conectan partes de una frase que dependen unas de otras.

Conjunciones subordinantes		
Mostrar causa (Conjunciones de causa)	**because** / porque	She's tired because she works a lot. *(Ella está cansada porque trabaja mucho)*
	since / pues	I'm home because it's raining. *(Estoy en casa pues llueve)*
	for / ya que	She wanted to go to the party, for she knew many of her friends would be there. *(Quería ir a la fiesta, ya que sabía que muchos de sus amigos estarían allí)*
Elaborar (conjunciones relativas)	**that** / que	He told me that I was his best friend. *(Me dijo que soy su mejor amigo)*
Comparar (conjunciones comparativas)	**just as** / así como	Joseph is tall, just as his sister. *(Joseph es alto, así como su hermana)*
	as well as / likewise / así también	He knows French, so as well as German. *(Sabe francés, así también alemán)*
	as / tal como	Mara is as nice as Claire. *(Mara es simpática tal como Claire)*

Conjunciones subordinantes			
Mostrar que un obstáculo no impide la acción (conjunciones concesivas)	**although**	aunque	The library is closed, even though it's 12:00 p.m. *(La biblioteca está cerrada, aunque son las 12:00 p.m.)*
	even though	incluso si/ a pesar de que	He's sad, despite the fact that he has lots of friends. *(Está triste, a pesar de que tiene muchos amigos)*
	though	sin embargo	It's expensive, though it's worth it. *(Es caro, sin embargo, vale la pena.)*
Mostrar condiciones (conjunciones condicionales)	**if**	si	I pay with a credit card if I need to. *(Pago con tarjeta si lo necesito)*
	unless	a menos que	I run every day unless it rains. *(Corro todos los días a menos que llueva)*
Dar sensación de tiempo y orden (conjunciones temporales)	**while, meanwhile**	mientras	She walks while she talks on the phone. *(Camina mientras habla por teléfono)*

> **TIP:** En inglés, puedes decir, "I believe she is happy" (sin el "that"), a diferencia del español en donde el que es absolutamente necesario.

12.2 Práctica

A. Practiquemos las conjunciones relativas "**if / whether**". Une estas oraciones. Ejemplo: Mary does / not / know / if / John / need / something: Mary does not know if John needs something.

1. Peter and Bobby / don't / know / if / their friends / come back:

   _____

2. Myrtle / ask / if / there / is / exam / tomorrow:

   _____

3. Joseph / decide / whether / to / climb / Mount Fitz Roy or not.:

   _____

4. You / don't / know / if / Paula / need / anything / for the party:

   _____

5. You / ask / if / employees / work / well:

   _____

6. You / decide / whether / to / drink / coffee / or / tea:

   _____

B. Practiquemos la conjunción relativa que nunca puedes omitir en inglés. *That*. Une estas oraciones. Ejemplo: We have a party. He says to me. → He tells me that we have a party.

   1. We live on Gold Street. She knows:

      _____

   2. We travel all year round. John thinks:

      _____

   3. Mr. Ortiz fixes ovens. I think:

      _____

   4. Joseph likes to eat. Joana says:

      _____

   5. It is late. The teacher tells us:

      _____

   6. The children need new pencils. The mother says:

      _____

C. Une ambas oraciones con una conjunción subordinada:

   because – but – although – that

   Example: He is a good teacher. I think → I think that he is a good teacher.

   1. My children tidy up after themselves. I like it.

      _____

   2. I work a lot. I earn little.

      _____

   3. It's cold. It is sunny.

      _____

   4. It's too windy to run. Martin thinks.

      _____

   5. The tomatoes are green. The greengrocer explains.

      _____

   6. You're early. You leave early.

12.3 Adjetivos indefinidos

Un adjetivo indefinido es un adjetivo que se utiliza para describir un sustantivo de forma no específica. Generalmente no concuerdan con el sustantivo en número.

Muchos adjetivos indefinidos en inglés son idénticos a los pronombres indefinidos, pero no hay que confundirlos.

Un pronombre indefinido puede utilizarse sin el sustantivo, por ejemplo:
There are some in the waiting room. *(Hay algunos en la sala de espera.)*

Un adjetivo indefinido modifica al sustantivo, por ejemplo:
There are some people in the waiting room. *(Hay algunas personas en la sala de espera.)*

Ejemplos de adjetivos indefinidos son:

You have **some** chances to travel.   Tiene **algunas** posibilidades de viajar.
There is **a lot** of sunshine.   Hay **mucho** sol.
It is the **same** house.   Es la **misma** casa.
I need **some** clothes.   Necesito **algunas** prendas de vestir.
The teacher explains **all** the exercises.   El profesor explica **todos** los ejercicios.
There are **few** apples.   Hay **pocas** manzanas.

Adjetivos indefinidos	Traducción
Some	algunos, algunas
A few	unos cuantos, unas cuantas
No, none, neither	ningún, ninguna
Each	cada
Certain	ciertos, ciertas
Same	lo mismo, la misma, los mismos, las mismas
Many, much, a lot	mucho, mucha, muchos, muchas
Other, another	otro, otra, otros, otras
Few	poco
A little	un poco
Any	cualquier, cualquiera
So many, so much	tanto, tanta, tantos, tantas
All	todo, toda, todos, todas
Several	varios, varias

12.3 Práctica

A. Completa las oraciones con el adjetivo indefinido correcto.

Ejemplo: Pablo only buys ______________ apples→ Pablo only buys a few apples.

1. ______________________________ people work only at home.
2. There are ______________________ birds that it looks like a jungle.
3. John has _______________________ hats in his closet.
4. Susana has _____________________ house on the beach.
5. ______________________________ people share an apartment with friends.
6. I work _________________________ day of the week.
7. That singer composed ____________ similar songs.
8. It rains _________________________ week.

B. Traduce las siguientes oraciones con conjunciones y adjetivos indefinidos:

1. She has many dogs and cats.

   ____

2. Mary has several daughters, but no sons.

   ____

3. Both Luis and Juan have few friends.

   ____

4. She does not read magazines or newspapers.

   ____

5. He knows other countries because he travels a lot.

   ____

6. He has the same car as Laura.

   ____

7. He knows every street in Paris, but he doesn't know his own city.

   ____

8. She speaks a few languages, but no English.

   ____

9. It's the same friendship, although we are older.

   ____

10. All languages are useful, although some are more useful than others.

    ____

C. Helen tiene una visión positiva de la vida. Robert tiene una visión negativa de la vida. Cambia las afirmaciones de Helen por las contrarias para saber qué piensa Robert. Ejemplo: I have few problems → I have many problems.

1. Every day is beautiful. → _____

2. I have few sorrows. → _____

3. There are so many beautiful things in life. → _____

4. I have many friends → _____

5. Certain days are bad. → _____

6. No task is impossible. → _____

LECCIÓN 13:

ME GUSTAN LAS MANZANAS

Sería imposible conocer a otras personas y permitir que te conozcan sin aprender a expresar lo que nos gusta y lo que no. Estas expresiones transmiten nuestras opiniones y otras partes fundamentales de nuestra personalidad. Con el "me gusta" y el "no me gusta", por fin podemos decirle a la gente lo que realmente pensamos.

I Like My Body When It Is With Your Body
E. E. Cummings

I like my body when it is with your	*(Me gusta mi cuerpo cuando está con tu)*
body. It is so quite new a thing.	*(cuerpo. Es una cosa tan nueva.)*
Muscles better and nerves more.	*(Los músculos mejor y los nervios más.)*
I like your body. I like what it does,	*(Me gusta tu cuerpo. Me gusta lo que hace,)*
I like its hows. I like to feel the spine	*(me gustan sus formas. Me gusta sentir la columna)*
of your body and its bones,	*(de tu cuerpo y sus huesos,)*
and the trembling [...]	*(y el temblor [...])*

Esto es parte de un poema de E.E. Cummings (1894-1962), renombrado poeta estadounidense, conocido por su enfoque único e innovador del lenguaje y la forma en su poesía. Cummings fue una figura destacada de la poesía inglesa del siglo XX.

13.1 Expresar gustos y disgustos

El verbo "to like" se utiliza en inglés para expresar gustos y disgustos.

Por ejemplo:

1. I like to read. (Me gusta leer.)
2. I don't like to read. (No me gusta leer.)
3. I like ice-cream. (Me gusta el helado.)
4. I like horses. (Me gustan los caballos.)

En estos 4 ejemplos, podemos destacar dos diferencias con el español.

En español, el verbo "gustar" se refiere a que algo es agradable para alguien. Por ejemplo, Traducción literal: Los caballos (me) gustan a mí. → Los caballos son agradables para mí.

Se podría decir que la acción de ser agradable la hacen "los caballos" y se especifica para quién de doble forma ("A mí" y "me").

Speak Abroad
Academy

En inglés, es mucho más simple, la acción de "gustar de algo" la hace el sujeto. Por ejemplo, I like horses. (Yo gusto de los caballos).

En este sentido, el verbo se conjuga de acuerdo con el sustantivo (en este caso, "yo") y se agrega el complemento (en este caso, "caballos").

Para decir que te gusta un objeto, cosa o animal, la estructura es la siguiente:

Sustantivo + to like (conjugado) + complemento

Por ejemplo:
I like trees. (A mí me gustan los árboles.)
Anna likes cake. (A Anna le gusta el pastel.)

Error común: Cuando aprendemos un nuevo idioma tendemos a querer traducir todo literalmente. Sin embargo, algunos verbos funcionan de distinta forma de un idioma a otro.

X No digas:	**✓** Di:
To me (A mí) I like horses.	
I like horses to me.	I like horses.
Me like horses.	

Para decir que a ti o a alguien le gusta hacer algo, hay dos posibles estructuras:
1. Sustantivo + to like (conjugado) + verbo en infinitivo (actividad o acción que me gusta realizar)
2. Sustantivo + to like (conjugado) + gerundio* del verbo (actividad o acción que me gusta realizar)

Por ejemplo:
1. I like to swim. (Me gusta nadar.)
2. I like swimming. (Me gusta nadar.)

> **TIP:** En inglés, se construye el gerundio tomando el verbo en infinitivo y agregando la terminación -ing.

Para decir que algo no te gusta, tienes que añadir do/does + not antes del pronombre objeto indirecto.

I don't like dogs. (No me gustan los perros.)
They don't like cats. (No les gustan los gatos.)
We don't like motorcycles. (No nos gustan las motos.)

Finalmente, para preguntar si algo le gusta a alguien, tenemos la siguiente estructura:

Do/does + sustantivo + like + complemento?

Por ejemplo:
Do you like football/ soccer? (¿A ti te gusta el fútbol?)
Do/does + sustantivo + like + verbo en infinitivo?

Por ejemplo:
Does she like to watch movies? (¿A ella le gusta ver películas?)
Do/does + sustantivo + like + gerundio del verbo?

Por ejemplo:
Do they like cooking? (¿A ellos les gusta cocinar?)

Vocabulario: Comida

La comida es algo sobre lo que todos tenemos una opinión muy formada. Es hora de ampliar tu vocabulario y conocer las diferentes palabras inglesas para referirse a la comida. Utilizando lo que acabamos de aprender, ¿puedes expresar qué tipos de comida de abajo te gustan o te disgustan?

Palabras Inglesas	Pronunciación	Traducción
Apple	[ahh-pul]	Manzana
Banana	[bah-nahh-nah]	Plátano
Bread	[brehd]	Pan
Cake	[keyk]	Pastel
Candy	[cahhn-di]	Dulces
Chicken	[chih-kehn]	Pollo
Coffee	[cah-fi]	Café
Cookies	[cu-kis]	Galletas
Fish	[fihsh]	Pescado
Hamburgers	[ham-ber-gers]	Hamburguesas
Lettuce	[leht-uhs]	Lechuga
Meat	[mit]	Carne
Milk	[mihlk]	Leche
Onion	[un-yuhn]	Cebolla

Me gustan las manzanas

Palabras Inglesas	Pronunciación	Traducción
Orange	[or-ihnj]	Naranja
Potatoes	[po-tey-tos]	Papas
Sugar	[shu-ger]	Azúcar
Tea	[ti]	Té
Tomato	[to-mey-to]	Tomate
Water	[wah-ter]	Agua

13.1 Práctica

A. Traduce las siguientes oraciones.

1. We like meat. _____
2. You like coffee. _____
3. You guys like cake. _____
4. They like onions. _____
5. John and Matthew like milk. _____
6. I like oranges. _____
7. You like apples. _____
8. Jim likes lettuce. _____
9. Helen likes fish. _____

B. Traduce lo siguiente.

1. A mí me gusta el coche. _____
2. A ellos les gustan las cebollas. _____
3. A nosotros no nos gusta leer. _____
4. A ti te gustan las bananas. _____
5. A ustedes les gusta trabajar. _____
6. A Marcos le gusta estudiar. _____
7. A Elsa le gustan los tomates. _____
8. A mi padre le gusta comer. _____
9. A mi madre le gusta el pescado. _____
10. A los chicos no les gusta la leche. _____
11. A María le gusta el pollo. _____

C. Une las palabras para formar una frase. Asegúrate de incluir el sujeto y el objeto indirecto (sobre qué o quién) recae la acción del verbo.

Por ejemplo: do / bananas / not / Myrthle / like: Myrthle does not like bananas.

1. we / run / like

   _____

2. do not / like / vegetables / The kids

   _____

3. those shoes / like / I

   _____

4. the parties / Luis and Teresa / like

   _____

5. playing the piano / Elena / like

   _____

6. like / I / fish

   _____

D. Elige uno de los siguientes elementos y di que te gusta. Elige el otro para decir que no te gusta. Puedes cambiar los elementos según lo que te guste. Puedes utilizar una conjunción adversativa (but, though, however) o la conjunción copulativa (y).

Ejemplo: eat meat? eat fish? → I don't like to eat meat, but I like to eat fish.

1. Leo Messi? Cristiano Ronaldo?

   _____

2. eat hamburgers? eat pasta?

   _____

3. coffee? tea?

   _____

4. actress Meryl Streep? actress Judy Dench?

   _____

5. tennis player Medvedev? tennis player Federer?

   _____

6. studying in the library? studying in the dining room?

   _____

7. dogs? cats?

   _____

8. travel by train? travel by car?

   _____

E. Completa las oraciones conjugando like según su sujeto.

Por ejemplo: Isabel _____ children → Isabel likes children.

1. Sebastian and Nicholas _____ sports.
2. You _____ expensive watches.
3. She _____ motorcycles.
4. We _____ to learn Spanish.
5. I _____ chocolates.
6. He _____ cars.

F. Completa estas preguntas haciendo coincidir gustar con el sujeto.

Ejemplo: (he / like) _____ the theater? → Does he like the theater?

1. (we / like) _____ parties?
2. (Teresa / like) _____ her college?
3. (they / like) _____ host people at their house?
4. (I / like) _____ do yoga?
5. (You / like) _____ fish?
6. (You / like) _____ travel?

G. Completa con sustantivo + verbo gustar.

Ejemplo: _____ (I) study languages→ I like to study languages.

1. _____ (we) work.
2. _____ (you) live alone.
3. _____ (he) walks in the park on Saturdays.
4. _____ (Carolina and Luis) climb mountains.
5. _____ (you) invite friends to your house.
6. _____ (they) travel the world.

H. Vuelve a escribir estas oraciones corrigiendo los errores:

1. Me like candy: _____
2. Bread like you: _____
3. Milk like to you: _____
4. I like to me coffee: _____
5. They like oranges to them: _____
6. He like meat: _____

Vocabulario: miembros de la familia

Palabras Inglesas	Pronunciación	Traducción
Aunt	[ahnt]	Tía
Brother	[bruh-ther]	Hermano
Cousin	[cuh-sin]	Prima, primo
Daughter	[dah-ter]	Hija
Father	[fah-ther]	Padre
Grandfather	[grahh-nd fah-ther]	Abuelo
Grandmother	[grahh-nd muh-ther]	Abuela
Mother	[muh-ther]	Madre
Nephew	[neh-few]	Sobrino
Niece	[niis]	Sobrina
Sister	[sihs-ter]	Hermana
Son	[suhn]	Hijo
Uncle	[uhn-kl]	Tío

I.   What do we like to do on vacation?

Cada uno de los miembros de la familia Peterson tiene su propia idea de unas buenas vacaciones y lo que le gusta hacer para disfrutarlas más. Convierte los elementos propuestos por separado en una frase. Recuerda incluir el objeto indirecto que aclara o añade énfasis. Ejemplo: father / swim → The father likes to swim.

1.   grandfather / cook _____

2.   brother / surf (hacer surf) _____

3.   aunt / read books _____

4.   cousins / go shopping for clothes (comprar ropa)

    _____

5.   father / eat and drink _____

6.   daughter / look for shells on the shore (buscar caracoles en la orilla)

    _____

7.   mother / tranquility _____

8.   nephews / run on the beach (correr por la playa)

    _____

13.2 Expresar deseos de forma directa y educada

Ya has aprendido a expresar lo que te gusta y lo que no te gusta de algo, pero ¿y lo que quieres? ¿Cómo puedes decirle a alguien que quieres algo?

En español, se utiliza el verbo 'querer' para expresar deseos, por ejemplo, Yo quiero un café. En inglés, se usa 'to want', por ejemplo, I want a coffee.

¿Cómo se dice que no se quiere algo? Para ello, volveremos a utilizar not.

To say that you don't want something, add a do/does + not before the verb: I don't want a coffee. (Yo no quiero un café)

Como con 'to like', también puedes añadir un infinitivo a 'to want' cuando quieres hacer algo, por ejemplo, I want to learn German. (Quiero aprender alemán)

A veces no es de buena educación pedir algo directamente. Por ejemplo, si pides un mapa en el vestíbulo de un hotel, es más educado decir "Me gustaría un mapa" (I would like a map) que "Quiero un mapa" (I want a map).

Cuando quieras expresar lo que te gustaría o no te gustaría, en inglés di "I would like"/ "I would not like".

Por supuesto, 'would like' también se utiliza cuando se desea o suspira por algo: I would like to meet James (Me gustaría conocer a James). En otras palabras, es una forma de expresar tus deseos de una manera menos directa, lo que es esencial para la cortesía.

Con 'would like' también puedes añadir un infinitivo para algo que te gustaría hacer: I would like to climb Everest. (Me gustaría subir el Everest)

13.2 Práctica

Elige lo que dirías en cada situación, dependiendo de si puedes ser más directo o necesitas ser más educado:

1. Estás en un bar y le pides al camarero un vaso de agua: _____ (want / would like) a glass of water.
2. Expresas tu necesidad de dormir a un amigo: _____ (want / would like) to sleep.
3. Le estás explicando a un profesor que te gustaría hablar bien español: _____ (would like / want) to speak Spanish well.
4. Le pides a un dependiente de una tienda que te dé ese vestido verde: _____ (want / would like) that green dress.
5. Le dices a tu amigo que quieres arreglar el tejado: _____ (want to / would like) to fix the roof.

LECCIÓN 14:

PREPOSICIONES

14.1 Introducción a las preposiciones

De nuevo, no tengas miedo de las palabras mayores. Utilizamos preposiciones todo el tiempo y no son complejas. Son palabras como 'on,' 'over,' o 'until,' que son importantes para describir el espacio y el tiempo.

Si estás intentando ayudar a alguien a encontrar algo, las preposiciones te permiten describirle en qué parte de la habitación encontraría el objeto. ¿Está debajo de la cama? ¿En la mesa? ¿En el cesto de la ropa sucia?

También describen el tiempo. Si estás intentando organizar planes con tus amigos, las preposiciones te ayudarán a fijar una hora adecuada. ¿Sólo puedes salir a las 8 de la tarde? ¿Después del trabajo? Antes de que empiece tu programa favorito. ¿O hasta que te emborraches?

La buena noticia es que, al igual que la mayoría de las palabras en inglés, ¡las preposiciones en inglés no cambian! No tienen número ni género, y siempre son iguales. ¡Uf!

Aquí tienes la lista de preposiciones simples:

Palabras Inglesas	Pronunciación	Traducción
After	[ahf-ter]	Después
Against	[uh-gehnst]	Contra
Among	[uh-muhng]	Entre
At	[aht]	En
Before	[bih-fohr]	Antes
Behind	[bih-haind]	Detrás
Between	[bih-twin]	Entre
By	[bai]	Por
Except	[ik-sept]	Excepto
For	[fohr]	Para

Speak Abroad
Academy

Palabras Inglesas	Pronunciación	Traducción
In	[ihn]	En
On	[awn]	En/ Sobre
Over	[oh-vur]	Sobre
To	[tu]	A
Toward	[toh-wohrd]	Hacia
Under	[uhn-dur]	Bajo
Until	[uhn-til]	Hasta
Up to	[uhp too]	Hasta
With	[wi-th]	Con
Without	[wih-thaut]	Sin

Preposiciones más communes: in, at, on, of, from, with

Empecemos a practicar las tres preposiciones más comunes en inglés. Empezaremos con estas seis:

in			Juan is in his bed. *(Juan está en su cama.)*
at	en, sobre	Establece la idea de permanecer en un lugar o tiempo	He waits at the bus stop. *(Él espera en la parada del autobús.)*
on			The book is on the table. *(El libro está sobre la mesa.)*
of	de	Da la idea de posesión, materia u origen	The chair is made of wood. *(La silla está hecha de madera.)*
from			I received a letter from my friend. *(Recibí una carta de mi amigo.)*
with	con	Indica la empresa	I'm with my friends. *(Estoy con mis amigos.)*

14.1 Práctica

A. Completa las siguientes oraciones con las preposiciones: **in**, **of**, **from** o **with**.

1. Luis lives _____ a big city.
2. Maria always travels _____ her sister.
3. The house is made _____ wood.
4. The shoes are made _____ leather.
5. You are _____ the boss.
6. There are beautiful parks _____ Paris.
7. The gift is _____ Pedro.
8. My niece works _____ her father.
9. I am _____ England.

B. De nuevo, intenta completar estas oraciones con: **in**, **on**, **of**, **from** o **with**.

1. Flavia's fourth birthday is _____ April 2000.
2. I would like a coffee _____ milk.
3. This wallet is _____ Simon.
4. He rides his bicycle home _____ the office.
5. I have a good relationship _____ my parents.
6. I have a house _____ eight windows.

C. Intenta completar las oraciones eligiendo entre **in** y **between**.

1. She is sitting _____ the park.
2. Thomas is _____ his house.
3. Philip is sitting _____ Mary and Paul.
4. Mr. Jones is coming home _____ eight o'clock and nine o'clock at night.
5. The book is placed _____ two candles.
6. Flowers bloom _____ spring.

Speak Abroad
Academy

14.2 Otras preposiciones comunes: to, for, without

to	a	Indica movimiento hacia una meta, ya sea real o imaginaria. Se usa ante un objeto indirecto y un objeto directo cuando es una persona.	I walk to my house (Camino a mi casa)
for, in order to	para	Indica el objetivo o propósito de una acción.	The pencil is for my daughter. (El lápiz es para mi hija)
without	sin	Indica falta de.	The hotel is without tourists. (El hotel sin turistas)

En inglés, hay algunas pautas generales a seguir, muchas preposiciones se utilizan idiomáticamente con ciertos verbos. En estos casos, es mejor memorizar la frase en lugar de la preposición individual.

Algunos ejemplos son:

Deal with	Ayudar con
Dream of	Soñar con
Help with	Ayudar con
Hide from	Esconderse de
Listen to	Escuchar a
Look for	Buscar a
React to	Reaccionar a
Remind of	Acordarse de
Talk to	Hablar con
Think of	Pensar en

14.2 Práctica

A. Completa las siguientes oraciones con las preposiciones: **to**, **for**, **without**.

1. The gift is _____ Johnny.
2. I like coffee _____ sugar.
3. The father goes _____ the supermarket at 7:00 p.m.
4. She studies _____ learn.
5. My mom runs _____ the living room.
6. Helen learns German _____ teachers.
7. My uncle arrives _____ the office at 8:00 p.m.
8. Tom travels _____ maps.

B. Completa las siguientes oraciones añadiendo '**to**' o '**for**' cuando sea necesario, agrega un X si no necesita '**to**' or '**for**'.

1. Joseph asks _____ Maria when her mother is coming back.
2. Please describe a lion _____ me.
3. Teresa looks _____ the dogs to feed them.
4. Sylvia kicks her shoes _____ the door.
5. They are fishing _____ fish in the ocean.
6. He is looking _____ his mother.

C. Completa las siguientes oraciones eligiendo **to**, **at**, **of** o **from**.

1. Students return _____ their home _____ eight o'clock.
2. On Tuesday I go _____ Madrid.
3. Pedro exercises _____ night, not during the day.
4. It's five o'clock _____ the afternoon.
5. Sofia is _____ Chile. (origen)
6. The father gives a dog _____ his daughter.
7. Luis comes _____ talk to the doctor.
8. That bottle is made _____ plastic.

D. Completa estas oraciones eligiendo entre: **of**, **from**, **since**.

1. Return _____ the party at four o'clock in the morning.
2. He walks _____ his house to work.
3. I like the dishes made _____ wood.
4. We watch people _____ the balcony.
5. He has studied at that school _____ he was three years old.
6. She sells dresses _____ her house.

LECCIÓN 15:

MI LIBRO ES MEJOR QUE TU LIBRO

15.1 Adjetivos posesivos

I'm folding up **my** little dreams	*(Estoy plegando **mis** pequeños sueños)*
Within **my** heart tonight,	*(Dentro de **mi** corazón esta noche)*
And praying I may soon forget	*(y rezo para olvidar pronto)*
The torture of **their** sight.	*(La tortura de **su** vista.)*
For time's deft fingers scroll **my** brow	*(Porque los hábiles dedos del tiempo recorren **mi** frente)*
With fell relentless art—	*(Con un arte implacable.)*
I'm folding up **my** little dreams	*(Estoy plegando **mis** pequeños sueños)*
Tonight, within **my** heart.	*(Esta noche, dentro de **mi** corazón.)*

Este poema es de Georgia Douglas Johnson, una poetisa y dramaturga afroamericana nacida en 1880. Fue una figura destacada del Renacimiento de Harlem, conocida por su poesía lírica y la exploración de temas como la raza, la identidad y la feminidad.

Este poema contiene algunos adjetivos posesivos como: Within **my** heart tonight [...] The torture of **their** sight

Aquí tienes una lista completa de adjetivos posesivos:

ADJETIVOS POSESIVOS		
My	mi, mis	my house, my aunts
Your	tu, tus	your book your pens
His, her, its	su, sus	his photo her friends
Our	nuestro(a), nuestro(a)s	our desk our pencils
Your	vuestro(a), vuestro(a)s	your clock your backpacks
Their	su, sus	their house their balls

Los adjetivos posesivos siempre van antes de un sustantivo o de un adjetivo y del sustantivo al que califica.

Por ejemplo:

She plays football with **her** <u>brother</u>.
Ella juega fútbol con su hermano.

We like **our** <u>new</u> teacher.
Nos gusta nuestro nuevo maestro.

Los adjetivos posesivos se usan para mostrar la pertenencia de un objeto a una persona:
His blue car.
Su (de él) auto azul.

La relación entre dos personas:
Her uncle lives in Nepal.
Su (de ella) vive en Nepal.

Y las partes del cuerpo:
My teeth are clean.
Mis dientes están limpios.

Error común

Es muy común que se confunda 'its' con 'it's', pero presta atención porque no son iguales.

"Its" es el adjetivo posesivo de "it".

Por ejemplo:
France is famous for **its** food.
*Francia es famosa por **su** cocina.*

"It's" con apóstrofo es la forma acortada de it + is o it + has.

Por ejemplo:
People say **it's** (it is) easier to learn when you like the subject.
*La gente dice que **es** más fácil aprender cuando te gusta el tema.*

I cannot eat that cupcake; **it's** (it has) too much sugar.
*No puedo comer ese panqué; **tiene** mucha azúcar.*

Vocabulario: más familia

Palabras Inglesas	Pronunciación	Traducción
The granddaughter	[grahh-nd dah-ter]	La nieta
The grandson	[grahh-nd/suhn]	El nieto
The husband	[huhs-band]	El esposo
The wife	[waif]	La esposa

Aquí tienes algunos adjetivos más que te ayudarán con los ejercicios siguientes (regresa a la Lección 13 para ver la primera lista de miembros de la familia).

Adjetivos	Pronunciación	Traducción
Ancient	[ayn-ch-yehnt]	Antiguo
Complete	[kuhm-plit]	Completo
Elegant	[el-uh-gehnt]	Elegante
Generous	[jehn-ehr-uhs]	Generoso
Gorgeous	[gohr-juhs]	Precioso
Impressive	[ihm-prehs-ihv]	Impresionante
Long	[lawng]	Largo
Peaceful	[pis-fuhl]	Tranquilo
Prestigious	[preh-sti-juhs]	Prestigioso
Selfish	[sehlf-ish]	Egoísta
Varied	[vair-id]	Variado
Wide	[waiyd]	Ancho

15.1 Práctica

A. Practiquemos con los miembros de la familia. Completa estas oraciones.

1. The father of my father is my _____.
2. The daughter of my uncle is my _____.
3. The sister of my father is my _____.
4. The son of my sister is my _____.
5. The wife of my father is my _____.
6. The daughter of my grandmother's daughter is my _____.

B. Ahora describe a estas personas.

Ejemplo: nephew: is the son of my brother or sister.

1. grandmother: _____

2. cousin: _____

3. uncle: _____

4. grandson: _____

5. brother: _____

C. Observa la lista de adjetivos anteriores y completa estas oraciones emparejando los adjetivos con el sustantivo.

1. That party dress is very _____.

2. Your teacher is _____.

3. Tomas collects _____ cars.

4. It is a place where there is no noise, and it is very _____.

5. An Olympic size swimming pool is _____ and _____.

6. The menu of this restaurant is very well _____.

D. Describe a los miembros de la familia de estas personas utilizando el adjetivo posesivo adecuado. Si parece un poco confuso, es bastante fácil. Recuerda buscar el adjetivo posesivo que se refiere a lo que está entre paréntesis.

Ejemplo: brother / friendly (the brother of Martin and Susana) → Their brother is friendly. ("their" se refiere a Martin y Susana. Funciona como "their": their brother is friendly).

1. aunt / thin (I)

   _____

2. father / sporty (Helen)

   _____

3. grandmother / interesting (Charles and Mary)

   _____

4. nephews / single (you)

   _____

5. cousin / blond (you're talking to several people informally)

   _____

6. granddaughters / little (Pedro and I)

   _____

7. husband / handsome (me)

   _____

8. sister / married (Tom)

   _____

9. mother / good (you)

   _____

E. Completa las oraciones con el adjetivo posesivo correcto.

1. My father is a lawyer; _____ office is in the city.
2. You sell flowers; _____ flowers are very pretty.
3. Cecilia's sister is a teacher; _____ students are intelligent.
4. My nephew lives in England; _____ wife lives in France.
5. You are busy. _____ work is difficult.
6. I like fruits. _____ favorite fruit is apple.
7. Our cousin is an engineer. _____ parents are also engineers.
8. My wife is traveling tonight. _____ suitcases are ready.
9. John is at the park with _____ children.
10. Your cousins work hard. _____ work is not easy.

F. ¿Quiénes son los parientes de Helen? Responde utilizando los adjetivos posesivos del ejemplo (recuerda que no es necesario que el adjetivo coincida con el sustantivo). Ejemplo: cousin Mary / single: Your cousin Mary is single.

1. grandmother Martha / old: _____
2. father Robert / worker: _____
3. little brothers / naughty: _____
4. mother Julia / generous: _____
5. cousin Martin / thin: _____
6. aunt and uncle / nice: _____
7. niece Ana / pretty: _____
8. brother Paul / intelligent: _____

G. Ahora imagina cuáles son tus parientes y descríbelos utilizando las mismas palabras anteriores. Ejemplo: My cousin Mary is single. Respuestas puedan variar.

1. _____
2. _____
3. _____
4. _____
5. _____
6. _____
7. _____
8. _____

H. Ahora describe cómo es tu ciudad para un amigo que vive en otro país.

Ejemplo: street / big: Our streets are big. (Regresa a la Lección 4 para ver la lista de vocabulario sobre el vecindario)

1. avenues / long: _____
2. supermarkets / complete: _____
3. theaters / large: _____
4. parks / beautiful: _____
5. universities / prestigious: _____
6. museums / interesting: _____
7. restaurants / varied: _____
8. buildings / elegant: _____
9. monuments / old: _____

15.2 Adjetivos comparativos

My name is Susana. I have two sisters: Teresa and Sofia. We are very different. I am the oldest. I am more studious than my sisters. I am also more introverted than them. My sister Teresa is more athletic than my sister Sofia and me, but she is less studious than me. My sister Sofia is more outgoing than my sister Teresa and me. She has many friends, but she is less studious than me and less athletic than Teresa.

Also, too y as well son adverbios que significan "también" y se utilizan para mostrar similitud entre dos cosas, situaciones, personas o animales. Por ejemplo: My sister is also studious (Mi hermana también es estudiosa)

Más adjetivos	Pronunciación	Traducción
Athletic, sporty	[ahth-leh-tihk]	Atlético, deportivo
Delicious	[deh-lih-shuhs]	Delicioso
Extrovert	[ehcks-troh-vurt]	Extrovertido
Introvert	[ihn-troh-vurt]	Introvertido
Stimulating	[stihm-yew-ley-ting]	Estimulante
Studious	[stu-di-uhs]	Estudioso

Los adjetivos comparativos se usan para mostrar diferencias entre cosas, situaciones, personas o animales y compararlas o para expresar el cambio en el tiempo.

Por ejemplo:

Her sister is two years old**er**.	*Su hermana es dos años **más** grande.*
I feel luck**ier** today.	*Me siento con **más** suerte hoy.*
They look happ**ier** now.	*Ellos se ven **más** felices ahora.*

Para formar la comparación podemos decirlo de la siguiente forma:

He is two years old**er than** me.	*Él es dos años **más** grande **que** yo.*
Russia is much bigg**er than** China.	*Rusia es **más** grande **que** China.*

London is **more** expensive **than** Lisboa.

Sao Paulo is **more** dangerous **than** Santiago de Chile.	*Sao Paulo es **más** peligroso **que** Santiago de Chile.*

*Londres es más caro **que** Lisboa.*

Así mismo, para decir que algo tiene menos esa cualidad que otra cosa, lo expresamos con "less than":

She is **less** careful **than** my sister.	*Ella es **menos** cuidadosa **que** mi hermana.*
They are **less** motivated **than** my brothers.	*Ellos están **menos** motivados **que** mis hermanos.*

Los adjetivos superlativos se utilizan para expresar el extremo de alguna cualidad.

Por ejemplo:

Russia is **the** bigg**est** country.	*Rusia es **el** país **más** grande.*
Jupiter has **the** short**est** day.	*Júpiter tiene **el** día **más** corto.*

En inglés se usan los sufijos -er y -est para formar los adjetivos comparativos y superlativos, en adjetivos de una sola sílaba.

Si el adjetivo termina por dos consonantes, entonces se le agrega -er o -est:

Fast (rápido)	Faster	Fastest
Tall (alto)	Taller	Tallest

Si el adjetivo termina por una vocal y una consonante, entonces se duplica la consonante y se le agrega -er o -est:

Sad (triste)	Sadder	Saddest
Hot (caliente)	Hotter	Hottest
Low (menor)	Lower	Lowest

Si el adjetivo termina por -y, entonces se cambia la -y por una -i y se agrega -er y -est:

Shy (tímido)	Shier	Shiest
Dry (seco)	Drier	Driest

Si el adjetivo tiene más de una sílaba, entonces se agrega "more" o "most" antes del adjetivo:

Expensive (caro)	More expensive	Most expensive
Intellectual (intelectual)	More intellectual	Most intellectual

---

TIP: Con algunos adjetivos de 2 sílabas, podemos utilizar '-est' o "most".

Por ejemplo:

quiet → the quietest/most quiet

clever → the cleverest/most clever

Existen algunas excepciones como las siguientes

Good → better → best

Bad → worse → worst

Far → farther → farthest

15.2 Práctica

A. Veamos si has entendido las relaciones entre los hermanos. Une la parte de la derecha con la de la izquierda.

1. Sofia is   more introverted than Sofia.

2. Susana is   less sporty than Teresa.

3. Teresa is   less studious than Susana.

B. Comparar personas. Responde a las preguntas comparando los rasgos de estos personajes, utilizando "less... than" y "more... than" Por supuesto, aquí estamos suponiendo cosas, pero es sólo a efectos del ejercicio. Ejemplo: Robert / Martha (studious): Robert is more studious than Martha.

> Robert: He is brunette. He is serious and likes to study (studious). He is a bit introverted.
>
> Martha: She is brunette. She likes to play tennis (sporty). She doesn't like to study so much.
>
> Laura: She is blonde. She likes to study and has many friends. She is extroverted.

1. Martha / Laura (sporty) _____
2. Robert / Martha (sporty) _____
3. Laura / Martha (studious) _____
4. Robert / Laura (introverted) _____
5. Laura / Robert (extroverted) _____
6. Martha / Laura (brunette) _____
7. Martha / Robert (serious) _____

C. Completa estas oraciones comparando los términos: **higher** (mayor), **lower** (menor), **better** y **worst**.

1. These chocolates are good, but those are _____.
2. This movie is bad, but that one is _____.
3. Sandra Bullock is a good actress, but Meryl Streep is _____.
4. 4. I am 29 years old. My brother Ricardo is 25. He is _____ than me.
5. 5. My mom is 50. My aunt is 52. My aunt is _____ than my mom.

D. Escribe lo contrario de estas afirmaciones.

1. Worst schools: _____
2. Alicia is older than Paula: _____
3. It is the worst restaurant in town: _____
4. John is younger than Tom: _____
5. That museum is better than that one: _____

E. Completa estos breves párrafos con la forma adecuada de **higher** (mayor), **lower** (menor), **better** y **worst**.

1. Today I am going shopping. There is a red dress, a blue dress, and a yellow dress. The red dress has a good price, but the blue dress has _____ price. The yellow dress costs a lot. It has the _____ price.
2. Ana is 15 years old. Her brother Ariel is 12 years old. He is _____ than Ana. Her brother Leo is 17 years old. He is _____ than Ana and Ariel.

SECCIÓN II :
ORACIONES, FRASES Y
PALABRAS EN INGLÉS

LECCIÓN 16:

COMENZANDO A COMUNICARTE

Temas esenciales de conversación: Preguntas y frases cotidianas

Cuando aprendes un nuevo idioma y te relacionas con personas que son hablantes nativos, es normal que a menudo no entiendas su acento o algunas de las palabras que utilizan. Por eso, aquí tienes algunas opciones que puedes utilizar cuando el mensaje no quede claro.

Palabras Inglesas	Pronunciación	Traducción
How do you say ___ in English?	*[hau du yu sey ___ ihn ihng-glihsh]*	¿Cómo se dice ___ en inglés?
Can you please say that in Spanish?	*[kahn yu pliz sey thaht ihn spah-nihsh]*	¿Puedes decirlo en español por favor?
Can you repeat that slowly?	*[kahn yu ruh-pit thaht slo-li]*	¿Puedes repetirlo lento?
Can you repeat that?	*[kahn yu ruh-pit thaht]*	¿Puedes repetirlo?
I don't understand your question.	*[ai dont uhn-duhr-stahnd yor kwehs-chihn]*	No entiendo tu pregunta.
I can't hear you.	*[ai kahnt hihr yu]*	No te puedo escuchar.

En caso de que quieras sonar como un local y causar una impresión positiva en los lugareños, puedes emplear estas expresiones para lograrlo.

Expresiones	Pronunciación	Traducción
Go ahead.	*[go uh-hehd]*	Adelante.
That's very impressive.	*[thahts veh-ri ihm-preh-sihv]*	Eso es muy impresionante.
That's very interesting.	*[thahts veh-ri ihn-trihs-tihng]*	Eso es muy interesante.
I'm just kidding.	*[aim juhst kih-dihng]*	Solo estoy bromeando.
You have to be kidding me.	*[yu hahf tu bi kih-dihng mi]*	Tienes que estar bromeando.
You know what I mean.	*[yu no wuht ai min]*	Tú entiendes a qué me refiero.

Si lo que necesitas es iniciar una conversación cordialmente en un momento específico del día, debes empezar con las siguientes frases dependiendo de la hora.

Welcome	*[wehl-kuhm]*	Bienvenido
Good morning	*[good mor-nihng]*	Buenos días
Good afternoon	*[good ahf-tuhr-nun]*	Buenas tardes
Good evening	*[good iv-nihng]*	Buenas noches

Cuando visitas un país extranjero donde se habla inglés, tienes dos opciones: preguntarles si hablan español o que te pregunten si hablas inglés.

Do you speak English?	*[du yu spik ihng-glihsh]*	¿Tú hablas inglés?
Do you speak Spanish?	*[du yu spik spah-nihsh]*	¿Tú hablas español?

Si esto ocurre, estas son las respuestas que puedes ofrecer.

Expresiones	Pronunciación	Traducción
No, I don't speak English.	*[noh, ai dⓞwnt spik ihn-glihsh]*	No, yo no hablo inglés.
Yes, I speak English.	*[yehs, ai spik ihn-glihsh]*	Sí, yo hablo inglés.
No, I don't speak Spanish.	*[ai dⓞwnt spik spah-nihsh]*	No, yo no hablo español.
I speak Spanish.	*[ai spik spah-nihsh]*	Sí, yo hablo español.

Además, aquí tienes algunas respuestas que puedes oír de los lugareños, y que podrías utilizar para parecer más amable.

Expresiones	Pronunciación	Traducción
I speak a little bit of English. **I speak English a little.**	*[ai spik uh lih-duhl biht uv ihn-glihsh]* *[ai spik ihn-glihsh uh lih-duhl]*	Yo hablo un poquito de inglés.
I speak a little bit of Spanish. **I speak Spanish a little.**	*[ai spik uh lih-duhl biht uv spah-nihsh]]* *[ai spik spah-nihsh uh lih-duhl]*	Yo hablo un poquito de español.

Ahora, hablando de las respuestas cortas que existen en el idioma inglés, aquí hay algunas para empezar a construir tus habilidades.

Expresiones	Pronunciación	Traducción
Goodbye [formal]	[good-bai]	Adiós
Bye [informal]	[bai]	Chau
Excuse me	[ehk-skyuz mi]	Disculpa
Hope to see you again	[hop to si yu uh-gehn]	Espero verte de nuevo
Hope to see you soon	[hop to si yu sun]	Espero verte pronto
Thank you	[thahngk yu]	Gracias
Thank you very much	[thahngk yu ve-ri muhch]	Muchas gracias
No	[noh]	No
I don't understand	[ai dont uhn-duhr-stahnd]	No entiendo
I don't know	[ai dont no]	No lo sé
I'm sorry	[aim so-ri]	Perdón
Please	[pliz]	Por favor
Yes	[yehs]	Sí
See you later	[si yu ley-duhr]	Te veo luego

Hablar sobre el estado del tiempo

Saber cómo preguntar por el estado del tiempo en el idioma que estás aprendiendo es muy importante, especialmente cuando viajas a otro país como turista, ya que el clima puede ser variable. Por eso, aquí tienes algunas preguntas clave para preguntar por el tiempo, en los países de habla inglesa.

Expresiones	Pronunciación	Traducción
What's the weather like today?	[wuhts thuh weh-thuhr laik tuh-dey]	¿Cómo está el clima hoy?
What will the weather be like tomorrow?	[wuht wihl thuh weh-thuhr bi laik tuh-ma-ro]	¿Cómo estará el clima mañana?
Will it rain tomorrow?	[wihl it reyn tuh-ma-ro]	¿Va a llover mañana?
The weather is good.	[thuh weh-thuhr ihz good]	El clima es bueno.
This is a beautiful day.	[thihs ihz a byu-dih-fuhl dey]	Este es un hermoso día.
It will rain a lot next week. It will be raining for most of next week.	[iht wihl reyn uh lat nehkst wik] [ihts wihl bi rey-nihng fohr most uhv nehkst wik]	Lloverá mucho la próxima semana Va a llover la mayor parte de la próxima semana.

Las formas adecuadas de describir el clima en un día normal pueden ser diversas, al igual que en español. Aquí aprenderás las palabras utilizadas para referirte a las condiciones climáticas y el estado del tiempo.

Palabras	Pronunciación	Traducción
Warm	[worm]	Cálido
Hot	[hot]	Calor
Cold	[kold]	Frío
Hail	[heyl]	Granizo
Rainy	[rey-nih]	Lluvioso
Snowing	[sno-wi]	Nevando
Fog	[fahg]	Niebla
Cloudy	[klau-di]	Nublado
Sunny	[suh-ni]	Soleado
Storm	[storm]	Tormenta
Thunder	[thuhn-duhr]	Trueno
Windy	[wihn-di]	Ventoso

Por último, hablemos de las estaciones del año. En el idioma inglés, hay cuatro estaciones principales que son bastante sencillas de aprender.

Winter	[wihn-tuhr]	Invierno
Autumn	[a-duhm]	Otoño
Spring	[sprihng]	Primavera
Summer	[suh-muhr]	Verano

Cumplidos y muestras de gratitud

Si quieres elogiar un lugar o una cosa, puedes utilizar expresiones comunes que emplean los lugareños. P. Aquí tienes algunas frases sencillas para expresarles tus cumplidos.

Expresiones	Pronunciación	Traducción
Thank you for your assistance.	[thahngk yu for yor uh-sihs-tihns]	Gracias por su asistencia.
Thank you for your kindness.	[thahngk yu for yor kaind-nihs]	Gracias por tu amabilidad.
Thank you for your help.	[thahngk yu for yor hehlp]	Gracias por tu ayuda.
You've been a great friend.	[yuv bin a greyt frehnd]	Has sido un gran amigo.
You've been a great host.	[yuv bin a greyt host]	Has sido un grandioso anfitrión.
You've been a wonderful host.	[yuv bin a wuhn-duhr-fuhl host]	Has sido un maravilloso anfitrión.
You have a beautiful home.	[yu hahv a byu-dih-fuhl hom]	Tienes un hermoso hogar.
You're very kind.	[yur ve-ri kaind]	Tú eres muy amable.

Ser agradecido en los países anglosajones es esencial y los lugareños aprecian la gratitud, por lo que estas expresiones te ayudarán a adaptarte a la cultura y a ser más amable.

Expresiones	Pronunciación	Traducción
I owe you a great deal!	[ai ohw yu a greyt dil]	¡Te debo una!
What would I do without you?	[wuht wood ai du wih-thaut yu]	¿Qué haría sin ti?
I appreciate your concern.	[ai uh-pri-shi-yeyt yor kuhn-suhrn]	Aprecio tu preocupación.
Thank you for cooking this delicious meal.	[thahngk yu for kook-ihng thihs duh-lih-sihs mil]	Gracias por cocinar esta deliciosa comida.
Thank you for inviting me.	[thahngk yu for ihn-vai-dihng mi]	Gracias por invitarme.
Thank you for the hospitality.	[thahngk yu for thuh has-pih-tah-lih-di]	Gracias por la acogida.
Thank you for organizing this wonderful event.	[thahngk yu for or-gih-nai-zihng thihs wuhn-duhr-fuhl uh-vehnt]	Gracias por organizar este maravilloso evento.
You've made my day.	[yuv meyd mai dey]	Me has alegrado el día.

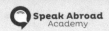
El inglés, como lengua germánica, ofrece una amplia variedad de cumplidos y elogios para expresar tu aprecio. A continuación, encontrarás algunas frases esenciales para mostrar tu aprecio y piropear a la gente.

I love your attitude.	*[ai luhv yor ah-dih-tud]*	Amo tu actitud.
I love your smile.	*[ai luhv yor smail]*	Amo tu sonrisa.
You're the best.	*[yurt thuh behst]*	Eres la mejor.
I like your shirt.	*[ai laik yor shuhrt]*	Me gusta tu camiseta.
You look good today.	*[yu look good tuh-dey]*	Te ves bien hoy.
You look gorgeous.	*[yu look gor-jihs]*	Te ves preciosa.
You have beautiful eyes.	*[yu hahv byu-dih-fuhl aiz]*	Tienes unos hermosos ojos.
You're pretty.	*[yur prihdi]*	Tú eres bonita.
You're funny.	*[yur fuh-ni]*	Tú eres graciosa.
You're handsome.	*[yur hahn-suhm]*	Tú eres guapo.

Speak Abroad
Academy

LECCIÓN 17:
CONSTRUYENDO CONEXIONES

Presentaciones básicas

Comencemos con una manera fácil de entablar una conversación al conocer a alguien por primera vez. Esto te permitirá presentarte de manera adecuada ante una persona nueva.

Hello, how are you?	*[heh-lo hau ar yu]*	Hola, ¿cómo estás?
Hello, I'm John.	*[heh-lo aim jan]*	Hola, me llamo John. (informal)
Hello, my name is John.	*[heh-lo mai neym ihz jan]*	Hola, mi nombre es John. (formal)

Aquí tienes otras preguntas que puedes utilizar para entablar una conversación con una nueva persona o amigo.

Expresiones	Pronunciación	Traducción
How was your day?	*[hau wuhz yor dey]*	¿Cómo estuvo tu día?
What's your name?	*[wuhts yor neym]*	¿Cuál es tu nombre?
When is your birthday?	*[wehn ihz yor buhrth-dey]*	¿Cuándo es tu cumpleaños?
How old are you?	*[hau old ar yu]*	¿Cuántos años tienes?
Where are you from?	*[wehr ar yu fruhm]*	¿De dónde eres?
Where do you live?	*[wehr du yu lihv]*	¿Dónde vives?
Do you have siblings?	*[du yu hav sihb-lihngs]*	¿Tienes hermanos?
Do you have pets?	*[du yu hav pehts]*	¿Tienes mascotas?
Do you have a big family?	*[du yu hav bihg fahm-li]*	¿Tienes una familia grande?
Do you live alone?	*[du yu lihv uh-lon]*	¿Vives solo?

Las respuestas que puedes recibir al iniciar una conversación introductoria son las siguientes.

Expresiones	Pronunciación	Traducción
How was your day?	*[hau wuhz yor dey]*	¿Cómo estuvo tu día?
Fine, and you?	*[fain, ahnd yu]*	Bien, ¿y tú?
We live in Toronto.	*[wi lihv in tuh-ran-to]*	Nosotros vivimos en Toronto.
Nice to meet you.	*[nais tuh mit yu]*	Un gusto conocerte.
I'm from Canada.	*[aim fruhm kah-nuh-duh]*	Yo soy de Canadá.
I'm an only child.	*[aim ahn on-li chaild]*	Yo soy hijo único.
I have five [5] sisters.	*[ai hav faiv sihs-tuhrs]*	Yo tengo cinco [5] hermanas.
I have five [5] brothers.	*[ai hav faiv bruh-thuhrs]*	Yo tengo cinco [5] hermanos.
I live in Toronto.	*[ai lihv ihn tuh-ran-to]*	Yo vivo en Toronto.

Hablemos sobre los títulos formales que se pueden utilizar al dirigirse a una persona. Es importante destacar que para el término masculino solo se utiliza una variante, "Mister." Sin embargo, para el término femenino existen dos variantes: "Miss" se utiliza para referirse a una persona soltera, mientras que "Mrs." se utiliza para referirse a una persona casada. Se trata de títulos formales que se pueden utilizar al dirigirse a una persona, cabe destacar que para el término masculino sólo se utiliza una variante [Mister]. Sin embargo, para el término femenino existen dos variantes [Miss] que se utiliza para referirse a una persona soltera, [Mrs.] que se utiliza para referirse a una persona casada.

Mister	*[mihs-tuhr]*	Señor
Mrs.	*[mihs-ihz]*	Señora
Miss	*[mihs]*	Señorita

Además, aquí tienes algunas pequeñas frases que puedes utilizar cuando presentes a una persona o describas tu situación sentimental.

Frases	Pronunciación	Traducción
This is my wife.	*[thihs ihz mai waif]*	Esta es mi esposa.
This is my friend.	*[thihs ihz mai frehnd]*	Este es mi amigo.
This is my husband.	*[thihs ihz mai huhz-bihnd]*	Este es mi marido.
I'm married.	*[aim meh-rid]*	Estoy casado/a.
I'm divorced.	*[aim dih-vorst]*	Estoy divorciado/a.
I'm single.	*[aim sihng-guhl]*	Estoy soltero/a.

Trabajo y profesiones

Para saber más sobre una persona, una opción es preguntarle por su trabajo y a qué se dedica. Aquí puedes encontrar algunas opciones.

Preguntas	Pronunciación	Traducción
What time do you work?	[wuht taim du yu wuhrk]	¿A qué hora trabajas?
What do you do for a living?	[wuht du yu du for uh lih-vihng]	¿A qué te dedicas?
How many hours do you work a week?	[hau meh-ni au-uhrz du yu wuhrk a wik]	¿Cuántas horas trabajas a la semana?
How much do you earn?	[hau muhch du yu uhrn]	¿Cuánto ganas?
Where do you work?	[wehr du yu wuhrk]	¿Dónde trabajas?
Which days do you have your day off?	[which deys du yu hav yor dey af]	¿Qué días descansas?
How often do you work?	[hau aft-ihn du yu wuhrk]	¿Qué tan seguido trabajas?

A continuación, encontrarás algunas respuestas a las preguntas anteriores sobre el trabajo o la profesión de una persona.

Preguntas	Pronunciación	Traducción
My day off is Tuesday.	[mai dey af ihz tuz-dey]	Mi día libre es el martes.
I work from nine [9] in the morning.	[ai wuhrk fruhm nain ihn thuh mor-nihng]	Trabajo desde las nueve [9] de la mañana.
I work in the hospital.	[ai wurhk ihn thuh ha-spih-duhl]	Trabajo en el hospital.
I don't work on the weekends.	[ai dont wurhk on thuh wik-ehndz]	Yo no trabajo los fines de semana.
I'm a ___	[aim a ___]	Yo soy ___
I work from home.	[ai wuhrk fruhm hom]	Yo trabajo desde casa.
I work freelance.	[ai wuhrk fri-lahns]	Yo trabajo freelance.
I work a lot.	[ai wuhrk a lot]	Yo trabajo mucho.

He aquí una breve lista de profesiones en inglés.

Profesiones	Pronunciación	Traducción
Lawyer	[loy-uhr]	Abogado
Actor	[ahk-duhr]	Actor
Actress	[ahk-trihs]	Actriz

Profesiones	Pronunciación	Traducción
Architect	[ar-kih-tehkt]	Arquitecto
Firefighter	[faier-fai-duhr]	Bombero
Carpenter	[kahr-pihn-tuhr]	Carpintero
Surgeon	[suhr-jihn]	Cirujano
Cook	[kook]	Cocinero
Accountant	[uh-kaun-tihnt]	Contador
Dentist	[dehn-tihst]	Dentista
Doctor	[dak-tuhr]	Doctor
Nurse	[nuhrs]	Enfermera
Mechanic	[muh-kah-nihk]	Mecánico
Baker	[bey-kuhr]	Panadero
Pilot	[pai-liht]	Piloto
Police Officer	[puh-lis a-fih-suhr]	Policía
Teacher	[ti-chuhr]	Profesor
Psychiatrist	[sai-kai-uh-trihst]	Psicólogo

Hacer planes

Después de hacer un amigo es probable que quieras hacer planes para divertiros juntos, así que aquí tienes algunas preguntas básicas que hacer.

Preguntas	Pronunciación	Traducción
Where should we go?	[wher shood wi go]	¿A dónde deberíamos ir?
What time should we meet up?	[whut taim shood wi mit uhp]	¿A qué hora deberíamos encontrarnos?
What time will we meet?	[wuht taim wihl wi mit]	¿A qué hora nos encontramos?
When are you free to hang out?	[wehn ar yu fri tu heyng aut]	¿Cuándo estás libre para salir?
Are you free tomorrow?	[ar yu fri tuh-ma-ro]	¿Estás libre mañana?
What are you going to do tonight?	[wuht ar yu go-ihng tu du tuh-nait]	¿Qué harás por la noche?
Do you want to go to a party?	[du yu wuhnt tu goh tu a par-di]	¿Quieres ir a una fiesta?
Do you have plans tonight?	[du yuh hav plahns tuh-nait]	¿Tienes planes esta noche?

Está claro que tienes que responder a estas preguntas si te las hacen, así que aquí tienes algunas opciones variadas de lo que podrías contestar.

Frases	Pronunciación	Traducción
We should meet in the afternoon.	[wi shood mit in thuh ahf-tuhr-nun]	Deberíamos vernos en la tarde.
I'm only free this afternoon. / this evening.	[aim on-li fri thihs ahf-tuhr-nun / thihs iv-nihng]	Solo estoy libre esta tarde. / esta noche.
I don't have any plans tonight. / I have no plans for tonight.	[ai don't hav ani plahns tuh-nait / ai hav noh plahns fohr tuh-nait]	No tengo planes esta noche.
We'll meet at the mall at four [4] in the afternoon.	[wil mit aht thuh mahl aht fohr in thuh ahf-tuhr-nun]	Nos vemos en el centro comercial a las cuatro [4] de la tarde.
Let's go out tonight.	[lehts goh aut tuh-nait]	Salgamos esta noche.
Let's go to the ___ this weekend.	[lehts goh tu thuh ___ thihs wik-ehnd]	Vamos a la ___ este fin de semana.
Let's go to a party.	[lehts goh tu a par-di]	Vamos a una fiesta.
Let's watch a movie this week.	[lehts wach uh mu-vi thihs wik]	Vamos a ver una película esta semana.

A continuación, se enumeran algunas palabras clave que probablemente te ayudarán a construir frases por sí mismas.

Palabras	Pronunciación	Traducción
Bathroom	[bahth-rum]	Baño
Library	[lai-breh-ri]	Biblioteca
House	[haus]	Casa
Mall	[mahl]	Centro comercial
Cinema	[sih-nuh-muh]	Cine
Kitchen	[kih-chihn]	Cocina
School	[skul]	Colegio
Dining room	[dai-nihng rum]	Comedor
Apartment	[uh-part-mihnt]	Departamento
Bedroom	[behd-rum]	Habitación
Market	[mar-kiht]	Mercado
Pool	[pul]	Piscina

Palabras	Pronunciación	Traducción
Beach	[bich]	Playa
Restaurant	[rehs-tuh-rant]	Restaurante
Living room	[lihv-ihng rum]	Sala de estar
Super Market	[su-puhr-mar-kiht]	Supermercado / Super Mercado
Store	[stohr]	Tienda
University	[yu-nuh-vuhr-sih-di]	Universidad

Ligar

Coquetear siempre parece ser la prioridad cuando se aprende un nuevo idioma y ser simpático es lo importante. Por eso, aquí tienes algunas preguntas para comunicarte con alguien con quien quieras ligar y llamar su atención.

Preguntas	Pronunciación	Traducción
When can I see you again?	[when kahn ai si yu uh-gehn]	¿Cuándo te puedo ver otra vez?
Are you an angel?	[ar yu ahn eyn-juhl]	¿Eres un ángel?
Are you alone?	[ar yu ah-lon]	¿Estás solo/a?
Are you single?	[ar yu sihng-guhl]	¿Estás soltero/a?
Can I have your number? / May I have your number?	[kahn ai hav yor nuhm-buhr / mey ai hav yor nuhm-buhr]	¿Me das tu número?
Do you want to dance?	[du yu wahnt tu dahns]	¿Quieres bailar?
Do you want to hang out with me?	[du yu wahnt tu heyng aut wihth mi]	¿Quieres salir conmigo?
Do you want to be my boyfriend/girlfriend?	[du yu wahnt tu bi mai boy-frehnd/ guhrl-frehnd]	¿Quieres ser mi novio/novia?
Do you like roses?	[du yu laik rozes]	¿Te gustan las rosas?
Can I join you?	[kahn ai joyn yu]	¿Te puedo acompañar?
Can I buy you a drink?	[kahn ai bai yu a drihngk]	¿Te puedo comprar una bebida?
Can I give you a kiss?/ May I give you a kiss?	[kahn ai gihv yu a kihs / mey ai gihv yu a kihs]	¿Te puedo dar un beso?
Do you have a boyfriend/ girlfriend?	[du yu hav a boy-frehnd/ guhrl-frehnd]	¿Tienes novio/novia?

Además de las preguntas, también hay frases muy típicas y conocidas para ligar con una persona en cualquier situación o lugar. Por eso aquí tienes algunas frases para mostrar tu afecto hacia alguien.

Frases	Pronunciación	Traducción
You're perfect to me.	[yor puhr-fihkt to mi]	Eres perfecto/a para mí.
This dress looks amazing on you.	[thihs drehs looks uh-mey-zihng aan yu]	Este vestido se te ve asombroso.
I like your smile.	[ai laik yohr smail]	Me gusta tu sonrisa.
I like your lips.	[ai laik yohr lihps]	Me gustan tus labios.
I would like to hang out with you. / I would like to go on a date with you.	[ai wood laik to heng aut wihth yu / ai wood laik to goh an uh deyt wihth yu]	Me gustaría salir contigo.
I like you very much.	[ai lai kyu ve-ri muhch]	Me gustas mucho. (pareja) / Me caes muy bien. (amigos)
Don't worry. It's on me.	[dont wuh-ri. its an mi]	No te preocupes. Yo invito.
You dance very well.	[yu dans ve-ri wehl]	Qué bien bailas.
I want to be your boyfriend/ girlfriend.	[ai wahnt tu bi yohr boy-frehnd/ guhrl-frehnd]	Quiero ser tu novio/ novia.
I'll take you out to eat later.	[ail taik yu aut tu it ley-duhr]	Te invito a comer más tarde.
You look like an angel.	[yu look laik ahn eyn-juhl]	Te ves como un ángel.
Your smile is contagious.	[yohr smail ihz kuhn-tey-jihs]	Tu sonrisa es contagiosa.

Jerga común

A continuación, exploraremos algunas frases cotidianas en inglés. con sus respectivas explicaciones para que puedas entender cuándo usar cada una de ellas.

1. *Cool*

   La palabra "cool" es comúnmente utilizada por los estadounidenses para referirse a algo que parece o es guay.

These sunglasses are cool.	[this suhn-glah-sihz]	Estas gafas de sol están guay.

2. *OK, great*

Esta simple palabra es la misma que cuando un hispanohablante dice "vale".

OK, great	*[okey, greyt]*	Vale, súper

3. *It's nuts, that's nuts*

Esta expresión significa literalmente "son nueces", sin embargo, los anglófonos la utilizan cuando ocurre algo que les resulta una locura.

It's nuts that you got fired for that situation!	*[its nuhts thaht yu gaht fai-uhrd for thaht sih-chu-ey-shuhn]*	¡Qué fuerte que te despidan por esa situación!

4. *Dope*

Los lugareños lo utilizan de forma positiva para expresar lo geniales que son los objetos y los lugares.

I just heard their new album, and it's really dope!	*[ai yuhst huhrhrd thehr nu ahl-buhm, ahn its rih-li dop]*	Acabo de escuchar su nuevo álbum, ¡y es realmente genial!

5. *How cute*

Los anglófonos lo utilizan para describir algo como "mono".

How cute are those pants!	*[hau kyut ar thoz pahnts]*	¡Qué monos son esos pantalones!

6. *To have a blast*

Utiliza este término del argot para describir lo bien que la estás pasando. "Have a blast" significa pasarla genial en un lugar o con alguien.

We had a blast at the amusement park	*[wi had a blahst aht thuh uh-myuz-mihnt park]*	Nos lo pasamos genial en el parque de atracciones.

7. *Sus, shady*

"Sus" y "Shady" se utilizan para describir algo o alguien que es sospechoso, indigno de confianza o engañoso. Sin embargo, "sus" suele utilizarse en conversaciones en línea, mensajes de texto o lenguaje informal, y "shady" implica especialmente que hay algo oculto o deshonesto en la persona o situación.

He gives me a shady vibe.	*[hi gihvs mi uh shey-di vaib]*	Me da mala espina (vibra).
Her story sounds sus.	*[huhr stor-i saunds suhs]*	Su historia suena sospechosa.

8. *Dude*

Su etimología exacta no está del todo clara, pero se cree que surgió como término utilizado para referirse a un habitante de la ciudad bien vestido. Hoy en día, " dude " se utiliza ampliamente como un término casual para referirse a una persona, a menudo de una manera amistosa o informal.

¿What's up, dude?	*[wuhts uhp, dud]*	¿Qué pasa, tío?

9. *Flip out o freak out*

En inglés "to flip" o "flip out" significa enloquecer, y fue adaptada por los españoles como "flipar". Por ello, esta palabra de argot inglés te será fácil de aprender.

Your mom said that? I'm freaking out!	*[yor muhm sed thaht? aim frikihng aut!]*	¿Tu mamá dijo eso? ¡No puedo creerlo! ¡Estoy flipando!

LECCIÓN 18:

EN EL RESTAURANTE Y DE COMPRAS

Comunicándote en un restaurante

Cuando quieras o tengas que salir a un restaurante con tus amigos o para una cena individual, estas preguntas probablemente te ayudarán a comunicarte fácilmente con los camareros.

Preguntas	Pronunciación	Traducción
How long is the wait for a table?	[hau lang ihz thuh weyt for a teybuhl]	¿Cuánto tiempo hay que esperar para conseguir una mesa?
Are you ready to order?	[ar yu re-di tu or-duhr]	¿Están listos para ordenar?
Is this restaurant accessible to wheelchairs?	[ihz thihs rehs-tuh-rant ahk-seh-sih-buhl tu wil-chers]	¿Este restaurante es accesible para sillas de ruedas?
Is there a baby seat?	[ihz thehr a bey-bi sit]	¿Hay silla para bebé?
Is there a vegetarian or vegan menu?	[ihz thehr a veh-jih-the-ri-ihn or vi-gihn meh-nyu]	¿Hay un menú vegetariano o vegano?
Can I order my steak well-done? Can I have my steak cooked well?	[kahn ai ohr-dhur mai steyk wehl-duhn / kahn ai hav mai steyk kookt wehl]	¿Puedo pedir mi filete bien cocido?
Can I book a table for ___ people?	[kahn ai book a tey-buhl for ____ pi-puhl]	¿Puedo reservar una mesa para ___ personas?
Can I reserve a table for tonight?	[kahn ai rih-zuhrv a tey-buhl for tuh-nait]	¿Puedo reservar una mesa para esta noche?
What's on the menu?	[whuts an thuh meh-nyu]	¿Qué hay en el menú?
Do they know sign language?	[du they no sain lahng-gwihj]	¿Saben lenguaje de señas?
Are children allowed in this restaurant?	[ar chihl-drehn uh-laud in thihs rehs-tuh-rant]	¿Se admiten niños en este restaurante?
Do you serve alcohol?	[du yu serv ahl-kohl]	¿Sirven alcohol?
A table for two, please?	[a tey-buhl for tu, pliz]	¿Una mesa para dos personas, por favor?

Speak Abroad
Academy

Además, a veces nos gusta pedir cosas concretas en nuestro pedido, así que aquí tienes algunos ejemplos de oraciones que pueden serte útiles.

Frases	Pronunciación	Traducción
I think this is the wrong order.	[ai thihngk thihs ihz thuh rang or-duhr]	Creo que este es el pedido equivocado.
We're ready to order.	[wir re-di tu or-duhr]	Estamos listos para ordenar.
There is a one-hour wait.	[thehr ihz a wuhn au-uhr weyt]	Hay espera de una hora.
I would like to try something new.	[ai wood laik tu trai suhm-thihng nyu]	Me gustaría probar algo nuevo.
I would like to try local food.	[ai wood laik to trai lo-kuhl food]	Me gustaría probar la comida local.
I would like a recommendation.	[ai wood laik a reh-kuh-mehn-dey-shihn]	Me gustaría una recomendación.
I don't eat meat.	[ai dont it mit]	No como carne.
Yes, there are tables available.	[yes, ther ar tey-buhls uh-vey-luh-buhl]	Si, hay mesas disponibles.

Por último, sabemos que a veces te gusta pedir cosas concretas en tu pedido, así que aquí tienes un miniglosario sobre el vocabulario útil que necesitarás.

Palabras	Pronunciación	Traducción
Sour	[sauuhr]	Ácido
Bitter	[bi-duhr]	Amargo
Stew	[stu]	Cocido
Fast food	[fahst fud]	Comida rápida
Raw	[ra]	Crudo
Dietetic	[dai-eh-teh-tihc]	Dietético
Sweet	[swit]	Dulce
Takeaway	[tey-kuh-wey]	Para llevar
Gluten-free	[glu-tihn-fri]	Sin gluten
Medium rare	[mi-di-uhm rehr]	Término medio
Vegan	[vi-gihn]	Vegano
Vegetarian	[veh-jih-teh-ri-ihn]	Vegetariano

Comidas y bebidas

Vayas donde vayas, verás muchos tipos de comida y bebida. Es esencial conocer algunos de los tipos más comunes. Así que empecemos con un mini glosario sobre los alimentos con los que debes estar familiarizado.

Palabras	Pronunciación	Traducción
Rice	[rais]	Arroz
Sugar	[shoo-guhr]	Azúcar
Meat	[mit]	Carne
Noodles	[nu-duhls]	Fideos
Cookies	[koo-kis]	Galletas
Hamburger	[hahm-buhr-guhr]	Hamburguesa
Ice cream	[ais krim]	Helado
Eggs	[ehgs]	Huevos
Butter	[buh-duhr]	Mantequilla
Jelly	[jeh-li]	Mermelada
Bread	[brehd]	Pan
Pancake	[pahn-keyk]	Panqueque
French fries	[frehnch fraiz]	Papas fritas
Turkey	[tuhr-ki]	Pavo
Fish	[fihsh]	Pescado
Pizza	[pi-tsah]	Pizza
Chicken	[chih-kihn]	Pollo
Cheese	[chiz]	Queso
Soup	[sup]	Sopa
Bacon	[bey-kihn]	Tocino
Cake	[keyk]	Torta

Aquí encontrarás una lista de las bebidas más comunes que puedes pedir en cualquier sitio.

Frases	Pronunciación	Traducción
Water	[wa-duhr]	Agua
Coffee	[ka-fi]	Café
Beer	[bihr]	Cerveza
Champagne	[shahm-peyn]	Champaña
Infusions	[ihn-fyu-zhuhns]	Infusiones
Juice	[jus]	Jugo
Apple juice	[ah-puhl jus]	Jugo de manzana
Orange juice	[or-ihnj jus]	Jugo de naranja
Milk	[mihlk]	Leche
Lemonade	[leh-muhn-ehihd]	Limonada
Soda	[soh-dah]	Refresco
Tea	[ti]	Té
Green tea	[grin ti]	Té verde
Wine	[wain]	Vino
Yogurt	[yo-guhrt]	Yogur

Veamos ahora algunas palabras que puedes encontrar en un menú inglés común.

Palabras	Pronunciación	Traducción
Appetizers	[ah-pih-tai-zuhrs]	Aperitivos
Beverage	[beh-vrihj]	Bebidas
Hot beverages	[hat beh-vrihjehs]	Bebidas calientes
Cold drinks	[kold drihngks]	Bebidas frías
Salads	[sah-luhds]	Ensaladas
Starter	[star-duhr]	Entrada
Side dishes	[said dih-shihz]	Guarniciones
Main course	[meyn kohrs]	Plato principal
Dessert	[dih-zuhrt]	Postre

Expresiones para comer fuera de casa

Es fundamental expresar cómo te sientes durante una comida importante, especialmente la cena, en un restaurante o lugar similar, aquí encontrarás frases para hacerlo.

Frases	Pronunciación	Traducción
Will you share it with me?	[wihl yu shehr it wihth mi]	¿Compartirás eso conmigo?
Are you enjoying your food?	[ahr yu ehn-joy-ihng yohr fud]	¿Disfrutas de la comida?
May I have the bill, please?	[mey ai hahv thuh bihl, pliz]	¿Me da la cuenta, por favor?
Can I try a bit of ...?	[kahn ai trai a biht uhv...]	¿Puedo probar un poco de...?
What are you going to order?	[wuht ar yu goh-ing tu or-duhr]	¿Qué vas a pedir?
Enjoy your meal.	[ehn-joy yohr mihl]	Disfruta de tu comida.
This is my favorite food.	[thihs ihz mai fey-vrit fud]	Esta es mi comida favorita.
This is delicious.	[thihs ihz duh-lih-shihs]	Esto es delicioso.
I'm full	[aim fuhl]	Estoy lleno.
I am thirsty	[ai ahm thuhr-sti]	Estoy sediento.
Check, please.	[chehk, pliz]	La cuenta, por favor.

Frases para hacer las compras (Ir de compras)

Cuando se trata de hacer compras, es crucial tener conocimiento de los detalles del producto que deseas adquirir. Aquí están las frases más utilizadas por los hablantes de inglés, al ir de compras.

Frases	Pronunciación	Traducción
What time do you close?	[wuht taim du yu kloz]	¿A qué hora cierran?
Where are the fitting rooms?	[wehr ar thuh fih-dihng rums]	¿Dónde están los probadores?
Is this/it handmade?	[ihz thihs hahnd-meyd]	¿Está hecho a mano?
How long do I have to return it?	[hau lang du ai hahv tu rih-tuhrn it]	¿Hasta cuándo tengo para devolverlo?
Can you help me, please?	[kahn yu hehlp mi, pliz]	¿Puedes ayudarme, por favor?
Can you tell me where I can find ___?	[kahn yu tehl mi wehr kahn ai faind ___]	¿Puedes decirme dónde puedo encontrar ___?

Frases	Pronunciación	Traducción
Can I return this/it?	[kahn ai rih-tuhrn thihs]	¿Puedo devolverlo?
Can I have a different size?	[kahn ai hahv a dihf-rihnt saiz]	¿Puedo tener una talla diferente?
Do you have this in another color?	[du yu hahv hihs in uh-nuhthur cuh-luhr]	¿Tienen esto en otro color?
I'm looking for ___.	[aim look-ihng for ___]	Estoy buscando ___.
I would like this in size ___.	[ai wood laik thihs in saiz ___]	Me gustaría esto en talla ___.
I would like to try this.	[ai wood laik tu trai thihs]	Me gustaría probar esto.
I need to buy ___.	[ai nid tu bai ___]	Yo necesito comprar ___.
I want to buy ___.	[ai want tu bai ___]	Yo quiero comprar ___.

Siguiendo con la divertida actividad de comprar, empezaremos a crear pequeños glosarios de palabras que te serán útiles.

Artículos para la higiene personal

Palabras	Pronunciación	Traducción
Toothbrush	[thuth-bruhsh]	Cepillo de dientes
Shampoo	[shahm-pu]	Champú
Hand sanitizer	[hahnd sah-nih-tai-zuhr]	Desinfectante de manos
Deodorant	[di-o-duhr-ihnt]	Desodorante
Soap	[sop]	Jabón
Diaper	[dai-puhr]	Pañal
Toilet paper	[toy-liht pey-puhr]	Papel higiénico
Toothpaste	[tuth-peyst]	Pasta dental
Towel	[tau-uhl]	Toalla
Pads	[pahds]	Toalla higiénica

Cuando se viaja, ir a comprar ropa es probablemente una actividad divertida para hacer y al mismo tiempo llevarse a casa un recuerdo del viaje.

Prendas de vestir

Palabras	Pronunciación	Traducción
Scarf	[skarf]	Bufanda
Socks	[saks]	Calcetines
Shirt	[shuhrt]	Camisa
T-shirt	[ti-shuhrt]	Camiseta
Jacket	[jah-kiht]	Chaqueta
Gloves	[gluhvs]	Guantes
Glasses	[glahs-ehs]	Lentes
Pants	[pahnts]	Pantalón
Underwear	[uhn-duhr-wehr]	Ropa interior
Sandals	[sahn-duhls]	Sandalias
Dress	[drehs]	Vestido
Sneakers	[sni-kuhrs]	Zapatillas

Por último, cuando nos vamos de viaje hay varios artículos que pueden ser bastante importantes a la hora de hacer las maletas, pero en caso de que se te olvide algo, puedes comprarlo fácilmente en un supermercado con este vocabulario.

Dispositivos electrónicos

Palabras	Pronunciación	Traducción
Headphones	[hehd-fons]	Audífonos
Portable Battery	[por-duh-buhl bah-dehr-ri]	Batería portátil
Charger	[char-juhr]	Cargador
Cell phone	[sehl-fon]	Celular
Computer	[kuhm-pyu-duhr]	Computadora
Laptop	[lahp-tap]	Portátil
Tablet	[tahb-liht]	Tableta

Frutas y verduras

En muchos países de habla inglesa, la compra de frutas y verduras puede ser una experiencia pintoresca que no se debe perder. Los mercados locales ofrecen una amplia variedad de frutas y verduras de alta calidad, a menudo superiores a las que se encuentran en los supermercados. A continuación, encontrarás una lista de las frutas y verduras que suelen estar disponibles en estos lugares.

Palabras	Pronunciación	Traducción
Avocado	[a-vuh-ka-do]	Aguacate
Cherry	[cheh-ri]	Cereza
Coconut	[ko-kuh-nuht]	Coco
Strawberry	[stra-beh-ri]	Fresa
Kiwi	[ki-wi]	Kiwi
Apple	[ah-puhl]	Manzana
Orange	[or-ihnj]	Naranja
Pear	[pehr]	Pera
Pineapple	[pain-ah-puhl]	Piña
Banana	[bah-nah-nah]	Plátano
Watermelon	[wa-duhr-mehl-uhn]	Sandía
Grapes	[greyps]	Uva

Aquí encontrarás una lista de las hortalizas más comunes que puedes encontrar en los mercados.

Palabras	Pronunciación	Traducción
Chili	[chih-li]	Ají, chile
Garlic	[gar-lihk]	Ajo
Broccoli	[bra-kuh-li]	Brocoli
Pumpkin	[puhmp-kihn]	Calabaza
Sweet Potato	[swit puh-tey-do]	Camote
Onion	[uhn-yuhn]	Cebolla
Spinach	[spih-nihch]	Espinaca
Green peas	[grin pis]	Guisantes verdes

Palabras	Pronunciación	Traducción
Ginger	*[jihn-juhr]*	Jengibre
Lettuce	*[leh-dihs]*	Lechuga
Potato	*[puh-tey-do]*	Papá
Cucumber	*[kyu-kuhm-buhr]*	Pepino
Tomato	*[tuh-mey-do]*	Tomate
Carrot	*[keh-riht]*	Zanahoria

Pagar por algo

Con estas frases podrás preguntar precios, formas de pago y si hay algún tipo de descuento. En las comunidades anglosajonas no es tan común regatear, así que intenta no hacerlo.

Frases	Pronunciación	Traducción
Do you take credit cards?	*[du yu teyk kreh-diht kard]*	¿Aceptan tarjeta de crédito?
What are the payment methods?	*[whuht art huh pey-mihnt meh-thuhd]*	¿Cuáles son los métodos de pago?
How much is this?	*[hau muhch ihz thihs]*	¿Cuánto cuesta esto?
How much is the least?	*[hau muhch ihz thuh list]*	¿Cuánto es lo menos?
It is on sale?	*[ihz it an seyl]*	¿Está en oferta?
Is there a discount?	*[ihz thehr a dihs-kaunt]*	¿Hay algún descuento?
That's on me.	*[thahts an mi]*	Eso lo pago yo.
I will pay in ___ installments.	*[ai wihl pey in ____ ihn-stal-mihnt]*	Pagaré en ___ cuotas.
Cash only	*[kahsh on-li]*	Sólo efectivo
I will pay by credit card.	*[ai wihl pey bai kreh-diht kard]*	Yo pagaré con tarjeta.
I will pay cash, please.	*[ai wihl pey kahsh, pliz]*	Yo pagaré en efectivo, por favor.

LECCIÓN 19:

VIAJES Y TRANSPORTE

Cómo desplazarse

Si quieres encontrar un sitio nuevo, no dudes en preguntar a un anglófono. Estarán encantados de ayudarte. Aquí tienes algunas frases que puedes utilizar:

Frases	Pronunciación	Traducción
What time does the next train to ___ leave?	[wuht taym duhz thuh nehkst treyn tu ___]	¿A qué hora sale el próximo tren a ___?
How do I get to the train station?	[hau du ai geht tu thuh treyn stey-shihn]	¿Cómo puedo llegar a la estación de tren?
Where is the nearest ___?	[wehr ihz thuh nihr-ehst]	¿Dónde está el ___ más cercano?
Where is the bus stop?	[wehr ihz thuh buhs stap]	¿Dónde está la parada del autobús?
Where can I buy tickets for ___?	[wehr kahn ay bay tih-kihts for ___]	¿Dónde puedo comprar boletos para ___?
Where can I take the bus?	[wehr kahn ay teyk thuh buhs]	¿Dónde puedo tomar un autobús?
Where can I take a taxi/cab?	[wehr kahn ay teyk a taksi]	¿Dónde puedo tomar un taxi?
Is this the right way to ___?	[ihz thihs thuh rait wey tu]	¿Es este el camino correcto para ___?
Go straight ahead.	[go uh-hehd]	Adelante.
It's to the left/right.	[its tu thuh lehft/rait]	Está a la izquierda/derecha.
It's around the corner.	[its uh-raund thuh kohr-nuhr]	Está a la vuelta de la esquina.
It's next to the ___.	[its nekst tu thuh ___]	Está al lado del ___.
It's behind the ___.	[its bi-haind thuh ___]	Está detrás de ___.
It's between ___.	[its bih-twin ___]	Está entre ___.

Frases	Pronunciación	Traducción
Go through ___.	[go thru ___]	Pasa por ___.
Take the first right.	[teyk thuh fuhrst rait]	Tome la primera a la derecha.
Go straight to ___.	[go streyt tu ___]	Ve directamente a ___.
Go back to ___.	[go bahk tu ___]	Vuelve a ___.

Carteles y avisos

Cuando camines por las calles y en los centros comerciales, encontrarás diferentes señales, ya sean de tráfico, de seguridad o de guía, que te ayudarán durante tu visita. Recuerda siempre respetar estas señales.

Señales	Pronunciación	Traducción
Caution, wet floor!	[ka-shihn weht flor]	¡Cuidado, piso mojado!
Open	[o-pihn]	Abierto
Stop	[stahp]	Alto
Close	[klos]	Cerrado
Push	[poosh]	Empuje
Entrance	[ehn-trahns]	Entrada
Stairs	[stehrz]	Escaleras
Out of order	[aut uhv or-duhr]	Fuera de servicio
Pull	[puhl]	Jale
No smoking	[no smoh-kihng]	No fumar
Slow down	[sloh daun]	Reducir la velocidad
Exit	[eksit]	Salida
Emergency exit	[ih-muhr-juhn-si ehg-ziht]	Salida de emergencia
Restrooms	[rehst-rums]	Servicios higiénicos

En el aeropuerto

Si tienes alguna duda sobre tu vuelo y deseas más orientación en el aeropuerto, siempre puedes encontrar un representante de atención al cliente que te ayude. Aquí algunas frases que te ayudarán a hacerlo.

Frases	Pronunciación	Traducción
What is the departure/ boarding gate for the flight ___?	[whuht ihz dih-par-chuhr geyt for thuh flait]	¿Cuál es la puerta de salida del vuelo ___?
Do you have all your flight/airline tickets?	[du yu hahv yohr flait tih-kihts]	¿Tiene todos sus boletos de avión?
Are you traveling with a pet?	[ar yu trahv-lihng wihth a peht]	¿Viaja con una mascota?
Customs	[kuhs-tuhmz]	Aduana
Hand luggage/ Carry-on baggage	[hahnd luh-gehj]	Equipaje de mano
Checked luggage	[chehkt luh-gehj]	Equipaje facturado
I'm late for my flight.	[aim leyt for mai flait]	Estoy tarde para mi vuelo.
Check-in	[chehk-ihn]	Facturación
I need medical assistance during the flight	[ai nihd meh-dih-kuhl uh-sihs-tihns dur-ihng thuh flait]	Necesito asistencia médica durante el vuelo
Passport	[pahs-port]	Pasaporte
Delay	[duh-ley]	Retraso
I will be traveling alone	[ai wihl bih trahv-lihng uh-lohn]	Voy a viajar solo
Direct flight	[dih-rehkt flayt]	Vuelo directo

Hotel y alojamiento

Vayas donde vayas siempre es importante poder hacer una reserva de hotel. Aquí encontrarás frases para hacerlo según lo que necesites.

Frases	Pronunciación	Traducción
How many nights are you booking?	*[hau meh-ni naits ar yu boo-kihng]*	¿Cuántas noches va a reservar?
How much is the room per night?	*[hau muhch ihz thuh rum per nait]*	¿Cuánto cuesta la habitación por noche?
Does the room come with ___?	*[dos thuh rum kuhm whith ___]*	¿La habitación viene con ___?
Do you have any rooms available?	*[du yu hahv ehni rums uh-vey-luh-buhl]*	¿Tienen habitaciones disponibles?
Balcony	*[bahl-kuh-ni]*	Balcón
Buffet	*[buh-fey]*	Buffet
Travel guide	*[trah-vuhl gaid]*	Guía de viaje
Hotel room	*[hoh-tehl rum]*	Habitación del hotel
I would like to stay in a double room.	*[ai wood laik tu stay ihn a duh-buhl rum]*	Me gustaría alojarme en una habitación doble.
I would like to stay in a single room.	*[ai wood layk tu stay in a sihng-guhl rum]*	Me gustaría alojarme en una habitación individual.
I would like to make a reservation for ___ people.	*[ai wood laik tu meyk a reh-zuhr-sey-shuhn for ___ pi-puhl]*	Me gustaría hacer una reserva para ___ personas.
Motel	*[moh-tehl]*	Motel
Maid	*[meyd]*	Mucama
Do not disturb	*[du nat dih-stuhrb]*	No molestar
Swimming pool	*[swihm-ihng pul]*	Piscina
Doorman	*[dohr-mahn]*	Portero
Receptionist	*[reh-sehp-shun-ihst]*	Recepcionista
Check in / Check out	*[chehk in / chehk aut]*	Registro de entrada y salida
Reservation	*[reh-zuhr-vey-shuhn]*	Reserva
Book a room / Reserve a room	*[book a rum]*	Reservar una habitación
Room service	*[rum suhr-vihs]*	Servicio a la habitación
Laundry service	*[lan-dri suhr-vihs]*	Servicio de lavandería
I have a reservation.	*[ai hahv a reh-zuhr-vey-shuhn]*	Tengo una reserva.
Gift shop	*[gihft shap]*	Tienda de regalos
Lobby	*[lah-bi]*	Vestíbulo
Dining area	*[dain-ihng eh-ri-uh]*	Zona de comedor

Speak Abroad
Academy

LECCIÓN 20:

NECESIDADES SANITARIAS Y EMERGENCIAS

Frases generales

La salud es importante en todas partes y cada persona tiene necesidades diferentes, así que aquí te enseñaremos frases que puedes utilizar para describir tus necesidades o tu estado de salud.

Frases	Pronunciación	Traducción
Are you allergic to any medications?	[ar yu uh-luhr-jihk tu eh-ni meh-duh-kehy-shuhns]	¿Es usted alérgico a algún medicamento?
Do you have any food allergies?	[du yu hahv eh-ni fud ah-luhr-jis]	¿Tiene alguna alergia a los alimentos?
Do you have any type of insurance?	[du yu hahv eh-ni taip uhv ihn-shuhr-ihns]	¿Tienes algún tipo de seguro?
Do you take any medication?	[du yu teyk eh-ni meh-duh-kehy-shuhn]	¿Tomas alguna medicina?
I'm pregnant.	[aim prehg-nehnt]	Estoy embarazada.
I'm feeling anxious.	[aim fil-ihng ahng-shuhs]	Me siento ansioso/a.
I feel sick.	[ai fil sihk]	Me siento enfermo/a.
I need to go to the pharmacy/doctor.	[ai nid tu goh tu thuh far-muh-si/dahk-tohr]	Necesito ir a la farmacia/médico.
I need to go to the hospital.	[ai nid tu go tu thuh ha-spih-duhl]	Necesito ir al hospital.
I need medication.	[ai nid meh-duh-kehih-shuhn]	Necesito medicación.
I need a wheelchair.	[ai nid a wil-cher]	Necesito una silla de ruedas.

Problemas de salud

Es importante que te comuniques si tienes una enfermedad que requiere tratamiento o asistencia inmediata. Aquí encontrarás frases para expresarlo.

Frases	Pronunciación	Traducción
Do you feel nauseous?	[du yu fil na-shuhs]	¿Sientes náuseas?
Asthma	[ahz-muh]	Asma
Cancer	[kahn-suhr]	Cáncer
Diabetes	[dai-uh-bi-diz]	Diabetes
Backache / Back pain	[bahk-eyk / bahk-peyn]	Dolor de espalda
Stomachache / Stomach pain	[stuh-mihk-eyk / stuh-mihk peyn]	Dolor de estómago
Sore throat	[sor throht]	Dolor de garganta
Toothache	[tuth-eyk]	Dolor de muelas
Earache	[ir-eyk]	Dolor de oído
Fever	[fi-vuhr]	Fiebre
Flu	[flu]	Gripe
I'm struggling to breathe. / It's hard to breathe.	[aim struh-guhl-ihng to brith / ihtz hard tu brith]	Me cuesta respirar.
I have a headache.	[ai hahv a hehd-eyk]	Me duele la cabeza.
My __ hurts.	[mai __ huhrts]	Me duele mi ____.
Eyes	[aiz]	Ojos
Chest	[chehst]	Pecho
Broken leg	[bro-kihn lehg]	Pierna rota
Sunburn	[suhn-buhrn]	Quemadura de sol
Cold	[kold]	Resfriado
I feel like I might faint. / I feel like I'm going to faint.	[ai fil layk ay mayt feynt / ay fil layk aim goh-ihng tu feynt]	Siento que me voy a desmayar.
Cough	[kahf]	Tos
I'm going to vomit.	[aim goh-ihng tu vah-miht]	Voy a vomitar.

En la farmacia

En caso de que vayas a la farmacia, debes saber cómo pedir una receta o los medicamentos. En algunos lugares anglófonos, en una farmacia, encontrarás perfumes y ositos de peluche.

Frases	Pronunciación	Traducción
May I have your prescription?	[mey ay hahv yor pruh-skrihp-shihn]	¿Puede darme su receta?
Pain relievers	[peyn ruh-liv-rs]	Analgésicos
Eye drops	[ai draps]	Gotas para ojos
Syrup	[si-ruhp]	Jarabe
Cough medicine	[kahf meh-duh-sihn]	Medicamentos para la tos
I need a thermometer.	[ai nihd a thuhr-ma-mih-duhr]	Necesito un termómetro.
Plan B / Morning after pill	[plahn bi]	Pastilla del día siguiente
Contraceptive pills	[kan-truh-sehp-tihv pihl]	Pastillas anticonceptivas
COVID-19 test	[ko-vihd nain-tin]	Prueba Covid-19
Pregnancy test	[prehg-nehn-si tehst]	Prueba de embarazo
Vitamins	[vai-duh-mihns]	Vitaminas

Quejas y urgencias

Siempre puedes utilizar estas frases en casos de emergencia o cuando necesites ayuda. Solo ten cuidado cuando digas algo como "por favor ,déjame en paz", muchos anglófonos podrían tomárselo a mal.

Frases	Pronunciación	Traducción
There's been an accident.	[thehrs bihn an ahk-sih-dihnt]	Ha habido un accidente.
Someone is following me.	[suhm-wuhn]	Alguien me está siguiendo.
Help	[hehlp]	Ayuda
It's too dirty.	[ihtz tu duhr-di]	Está demasiado sucio.
I'm injured. / I'm hurt.	[aim ihn-juhrd / aim hurt]	Estoy herido.
I'm lost	[aim lahst]	Estoy perdido.
Fire	[fai-uhr]	Fuego
It's too loud. / It's too noisy.	[ihtz tu laud / itz tu noy-zi]	Hay demasiado ruido.
Thief	[thif]	Ladrón
Call the police.	[kal thuh puh-lis]	Llama a la policía.

Frases	Pronunciación	Traducción
Call an ambulance.	*[kal ahn ahm-byuh-lihns]*	Llama a una ambulancia.
I need help.	*[ai nihd hehlp]*	Necesito ayuda.
I need to go to the bathroom.	*[ay nihd tu goh tu thuh bahth-rum]*	Necesito ir al baño.
I don't feel safe.	*[ai dohnt fil sayf]*	No me siento seguro.
I can't find my phone.	*[ay kahnt faynd may fon]*	No puedo encontrar mi teléfono.
I can't afford this. / I can't pay for this.	*[ay kahnt uh-ford thihs / ai kahnt pey fohr thihs]*	No puedo costear esto. / No puedo pagar esto.
Please, leave me alone.	*[pliz, liv mi uh-lohn]*	Por favor, déjame en paz.
Go away / Go	*[goh uh-wey]*	Vete

LECCIÓN 21:

DICHOS EN INGLÉS

Si tu objetivo es hablar inglés como un nativo, en algún momento tendrás que aprender a utilizar una serie de expresiones idiomáticas. En esta sección te explicaremos un poco más sobre ellas. Recuerda que un uso adecuado y una buena comprensión significan que estás en un nivel avanzado.

Refranes cotidianos

Expresiones	Pronunciación	Traducción	Uso adecuado
To make a mountain out of a molehill	[tu meyk a maun-tehn aut uhv a mohl-hihl]	Ahogarse en un vaso de agua	Utilízalo para expresar cuando alguien exagera ante un problema que tiene fácil solución. (Hacer una montaña de ub montículo de topos)
You snooze, you lose	[yu snuz, yu luz]	Camarón que se duerme, se lo lleva la corriente	Originalmente se refiere a las consecuencias negativas de la pereza. (Te duermes, pierdes)
To give birth	[tu gihv buhrth]	Dar a luz	Se utiliza siempre para decir que alguien está dando a luz. (Sacar a la luz)
Strike the right note	[straik thuh rait noht]	Dar en el blanco	Cuando quieres decir que alguien tiene razón en algo (Dar en el blanco)
Turn the tables	[tuhrn thuh tey-buhls]	Darle la vuelta a la tortilla	Significa hacer que una situación parezca diferente o cambiarla por completo. (Voltear las mesas)
Give lip-service	[gihv lihp suhr-vihs]	Decir de boca para afuera	Utilízalo cuando quieras expresar que una persona no quiso decir lo que dijo. (Dar un servicio de labio)

Expresiones	Pronunciación	Traducción	Uso adecuado
The more, the merrier	*[thuh mohr, thuh mehri-ehr]*	Donde comen dos, comen tres	Cuando quieres decir que siempre hay comida suficiente para compartir con otra persona. *(Cuanto más, mejor)*
Browse	*[brauz]*	Echar un ojo	Cuando quieres pedir a alguien que mire algo. *(echar un vistazo)*
Add fuel to the flames	*[ahd fyul tu thuh fleyms]*	Echarle leña al fuego	Utilízalo cuando alguien plantee un tema controvertido o problemático. *(Añadir combustible a las llamas)*
It's a piece of cake	*[ihtz a pis uhv keyk]*	Es pan comido	Significa que algo es muy fácil de hacer. *(Ser un pedazo de pastel)*
Not have a stitch of clothes on	*[nat hahv a stihch uhv klohthz an]*	Estar en cueros	Se puede utilizar cuando se quiere decir que alguien está desnudo. *(No llevar ni una puntada de ropa)*
To be caught between a rock and a hard place	*[tu bi kaht bih-twin a rahk and a hard pleys]*	Estar entre la espada y la pared	Cuando se quiere expresar que alguien tiene que elegir entre dos malas opciones. *(Estar entre una roca y un lugar difícil)*
To be a dime a dozen	*[tu bi a daim a duh-zihn]*	Estar hasta en la sopa	Estar en todas partes, ser común y/o de muy poco valor. *(Ser una moneda de diez centavos por docena)*
To let off steam	*[tu leht af stihm]*	Estar hecho un ají	Úsalo cuando quieras decir que una persona está muy enfadada *(Desprender vapor)*
To be nuts	*[tu bi nuhts]*	Estar loco	Úsalo cuando alguien esté haciendo algo extraño o un poco fuera de lo común. *(Estar nueces)*
Speak of the devil	*[spik uhv thuh deh-vihl]*	Hablando del rey de Roma	Puedes decirlo cuando alguien aparece exactamente cuando estabas hablando de él. *(Hablando del diablo)*

Expresiones	Pronunciación	Traducción	Uso adecuado
Curiosity killed the cat.	*[kyur-i-a-sih-di kihld thuh kaht]*	La curiosidad mató al gato	Se utiliza para advertir de que alguien está indagando en asuntos peligrosos o que no son de su incumbencia. *(La curiosidad mató al gato)*
To rain cats and dogs	*[tu reyn kats and dags]*	Llover a cántaros	Puedes utilizarlo cuando quieras expresar que ahí fuera llueve demasiado. *(Llover gatos y perros)*
Put one's foot in it	*[poot wuhns foot in it]*	Meter la pata	Cuando quieres decir que alguien ha dicho o hecho algo estúpido. *(Meter la pata)*
Not to mince one's words	*[not tu mihns wuhns wuhrds]*	No tener pelos en la lengua	Significa que alguien es franco y dice lo que piensa siempre que puede. *(No escatimar en palabras)*
To be stunned	*[tu bi stuhnd]*	Quedarse de piedra	Normalmente se utiliza cuando estás extremadamente sorprendido y te quedas como una piedra. *(Quedarse atónito)*
Be the black sheep of the family	*[bi thuh blahk ship uhv thuh fahm-li]*	Ser la oveja negra de la familia	Cuando se quiere expresar que alguien es diferente al resto en un grupo *(Ser la oveja negra de la familia)*
Close enough to use the same toothpick	*[klos i-nuhf tu yuz thuh seym tuth-pihk]*	Son uña y mugre	Cuando se quiere expresar que dos personas están demasiado unidas y lo hacen todo juntas. *(Ser como las uñas y la tierra)*
Has the cat got your tongue?	*[has thuh kaht got yohr tuhng]*	Te comió la lengua el gato	Se dice cuando una persona está más callada de lo normal. *(Un gato te comió la lengua)*
You've lost the plot!	*[yuv lahst thuh plaht]*	Te falta un tornillo	Se dice cuando se quiere expresar que alguien está un poco loco. *(Has perdido el rumbo)*
To have a quick temper	*[tu hahv a kwihk tehm-puhr]*	Tener un humor de perros	Cuando quieres describir el mal humor de otra persona o el tuyo propio. *(Tener un temperamento rápido)*

Expresiones	Pronunciación	Traducción	Uso adecuado
To have money to burn	*[tu hahv muh-ni tu buhrn]*	Tiene más lana que un borrego	Significa cuando alguien puede permitirse más de lo esperado porque tiene mucho dinero. *(Tener dinero para quemar)*
To spare no expense	*[tu spehr no ehk-spehns]*	Tirar la casa por la ventana	Significa que no se ha escatimado en gastos o que el dinero no es un problema. *(No reparar en gastos)*
To pull someone's leg	*[tu pool suhm-wuhns lehg]*	Tomar el pelo	Se utiliza cuando alguien engaña o se burla de otra persona, pero de buen rollo. *(Tomarse el pelo)*
To look at something through rose-tinted glasses	*[tu look at suhm-thihng thru roz tihn-tid glah-sihz]*	Ver todo color de rosa	Se puede utilizar para referirse a alguien que piensa que todo en la vida tiene buenas intenciones. *(Mira algo a través de lentes color rosa)*

SECCIÓN III :
CUENTOS EN INGLÉS

CUENTO 1: Shopping at the Supermarket

Sarah: Hi, Emily.

Emily: Oh, I wasn't expecting to see you here at Tesco today.

Sarah: I always come to Tesco on Tuesdays for my shopping.

Emily: Why Tuesdays?

Sarah: Tuesdays are usually less busy here.

Emily: Normally, I go grocery shopping on Mondays, but I wasn't feeling well yesterday.

Sarah: I'm sorry to hear that. I hope you're feeling better today.

Emily: Yes, thank you.

Sarah: I'm thinking of picking up some apples.

Emily: I'll join you. I need to grab some apples too.

Sarah: I like sweet red apples.

Emily: I actually prefer the crunchy green ones.

Sarah: Bananas are my favorite fruit.

Emily: How about pears? Do you like them?

Sarah: Yes, I enjoy eating pears. I eat a lot of fruit, actually.

Emily: The mushrooms here look really fresh. I think I'll get a punnet.

Sarah: Good idea. I'll get some mushrooms too.

Emily: When I get home, I plan to make mushroom soup.

Sarah: I love mushroom omelettes.

Emily: I also need onions for my soup.

Sarah: And I'll need eggs for my omelette.

Emily: Would you like to try some of my soup when I make it?

Sarah: That would be lovely.

Emily: I'll bring some over at 6 p.m.

Sarah: That sounds perfect. Will you have time to stay and have an omelette?

Emily: Yes, I'll make time for that. Thank you. See you at 6 tonight.

Sarah: Goodbye.

Choose the appropriate option.

1. What day of the week does Sarah typically go grocery shopping?
   a) Monday
   b) Tuesday
   c) Wednesday

2. Why did Emily not go shopping on Monday?
   a) She prefers shopping on Mondays.
   b) She wasn't feeling well.
   c) She had other plans.

3. Which type of apples does Sarah prefer?
   a) Sweet red apples
   b) Crisp green apples
   c) Golden delicious apples

4. What fruit does Sarah mention as her favorite?
   a) Bananas
   b) Pears
   c) Oranges

5. What dish does Emily plan to make with the mushrooms she buys?
   a) Mushroom soup
   b) Mushroom omelette
   c) Mushroom stir-fry

GLOSSARY	
English	Spanish
Apples	Manzanas
Bread	Pan
Bring	Traer
Brush	Cepillo
Busy	Ocupado
Coffee	Café
Come	Venir
Crisp	Crujiente
Expect	Esperar
Feel	Sentir
Meat	Carne
Milk	Leche
Mushrooms	Champiñones
Need	Necesitar
Normally	Normalmente
Oil	Aceite
Onions	Cebollas
Oranges	Naranjas
Pasta	Pasta
Pears	Peras

GLOSSARY	
English	Spanish
Fish	Pescado
Fruit	Fruta
Go	Ir
Golden	Dorado
Grocery store	Supermercado
Green	Verdes
Hear	Escuchar
Here	Aquí
Hi	Hola
Join	Unirse
Plátanos	Bananas
Rice	Arroz
Salt	Sal
See	Ver
Soup	Sopa
Sugar	Azúcar
Sweet	Dulces
Tea	Té
Today	Hoy
Well	Bien

CUENTO 2: Talking about Work and Leisure

Juan: Hey guys, how's it going? How was work today?

María: Hi Juan! I'm exhausted, I worked a lot today! I had a complicated surgery this morning and then had to prepare a report for the hospital.

Pedro: Uff, sounds hectic. I also had a long day at the office. As an accountant, there's always a lot to do, especially at the end of the month.

Juan: Yeah, I get what you mean. I work freelance as an architect, so I sometimes have intense days too, but at least I can manage my schedule. By the way, María, what time do you work at the hospital?

María: I work from eight in the morning until six in the evening, but Tuesdays are my day off. I love having a day to rest during the week.

Pedro: That sounds great! What are your plans for your next day off?

María: I plan to relax at home and maybe cook something special. What do you guys do in your free time?

Juan: Since I work from home, I try to separate my work time from my rest time well. I often go for a walk in the afternoon to clear my mind.

Pedro: I usually play sports on the weekends, it's a great way to release the accumulated stress during the week!

María: That sounds fun! Maybe I should join you guys sometime on the weekend.

Juan: Absolutely, it would be great to have a picnic or play soccer together!

Pedro: Definitely, count me in! It'll be fun.

María: Well, guys, I think it's time for me to head off and rest. See you tomorrow!

Juan and Pedro: See you tomorrow, María! Rest well!

Choose the appropriate option.

1. What does María do for a living?

    a) Architect

    b) Accountant

    c) Nurse

    d) Police Officer

2. What is Pedro's profession?

    a) a) Surgeon

    b) b) Firefighter

    c) c) Carpenter

    d) d) Accountant

3. What is Juan's work schedule like?

    a) a) He works from 9 to 5 every day.

    b) b) He works freelance and can manage his schedule.

    c) c) He works night shifts at the hospital.

    d) d) He works part-time as a teacher.

4. When does María have her day off?

    a) a) Monday

    b) b) Wednesday

    c) c) Thursday

    d) d) Tuesday

5. What activity does Pedro enjoy doing in his free time?

    a) a) Cooking

    b) b) Playing sports

    c) c) Watching movies

    d) d) Reading novels

Speak Abroad
Academy

GLOSSARY	
English	**Spanish**
Accountant	Contador
Afternoon	Tarde
Architect	Arquitecto
Carpenter	Carpintero
Complicated	Complicada
Cooking	Cocinando
Day	Día
End	Fin
Every	Todos
Evening	Tarde
Exhausted	Agotada
Firefighter	Bombero
Office	Oficina
Playing	Jugando
Police Officer	Oficial de policía
Prepare	Preparar
Relax	Relajarse
Report	Informe
Rest	Descanso
Schedule	Horario

GLOSSARY	
English	**Spanish**
Free	Libre
Freelance	Freelance
Going	Yendo
Guys	Chicos
Hi	Hola
Home	Casa
Hospital	Hospital
Long	Largo
Manage	Gestionar
Month	Mes
Morning	Mañana
Nurse	Enfermera
Special	Especial
Surgeon	Cirujano
Surgery	Cirugía
Teacher	Profesor
Time	Tiempo
Today	Hoy
Walk	Caminar
Watching	Mirando

CUENTO 3: Hanging Out

Alex: Hey, how's it going today?

Sophie: Hi! I'm doing well, thank you. How about you?

Alex: Much better now that I'm talking to you. When are you free to hang out?

Sophie: Oh, hey. Well, I'm actually free tonight. What time should we meet up?

Alex: How about we meet at 8 tonight? I'd really like to spend some more time with you.

Sophie: Sounds good. Where do you suggest we go?

Alex: We could catch a movie, go to the mall, or have dinner at a nice restaurant. I want to go somewhere where we can chat and get to know each other better.

Sophie: I like the idea of going to the movies. It sounds like a relaxed and fun plan.

Alex: Perfect, sounds like a plan. Let's go see that romantic comedy this week. You know, I love the idea of watching a movie with you, but what I really want is to be able to talk to you, get to know you better, and see that beautiful smile of yours.

Sophie: Oh, that's really sweet of you. I'm excited to spend time with you too.

Alex: Great, I'm excited too. After the movie, we could grab a drink at a nearby café. I'd like to keep the conversation going.

Sophie: That sounds like a wonderful idea. I'm looking forward to continuing our conversation!

Alex: Awesome, it's a plan then. See you at 8 at the movies and then at the café. I can't wait to see you.

Sophie: See you there. I'm excited for our outing.

Alex: Me too, it's going to be a lot of fun. Bye for now. And remember, don't forget to smile, your smile brightens up my day!

Sophie: Bye! And thanks for making me smile.

Choose the appropriate option.

1. Where will Alex and Sophie go to hang out?
   a) Bowling Alley
   b) Arcade
   c) Movies

2. What kind of movie are they going to watch?
   a) Romantic Comedy
   b) Romance
   c) Horror

3. Where will they go after the movie?
   a) A restaurant
   b) To a café
   c) Home

4. What does Alex want to do at the café?
   a) Play mini golf
   b) Get drinks and talk
   c) Eat some food

5. What does Alex say brightens up his day?
   a) A lamp
   b) The sun
   c) Sophie's smile

GLOSSARY	
English	**Spanish**
Activities	Actividades
After	Después
Atmosphere	Ambiente
Beautiful	Hermosa
Brightens	Ilumina
Bye	Adiós
Café	Café
Catch	Atrapar
Chat	Charlar
Cozy	Acogedor
Dinner	Cena
Drink	Bebida
Early	Temprano
Enjoy	Disfrutar
Evening	Noche
Smile	Sonrisa
Spend	Pasar
Sweet	Dulce
Talk	Hablar
Time	Tiempo

GLOSSARY	
English	**Spanish**
Excited	Emocionado
Exploring	Explorar
Fun	Divertido
Hangout	Salir
Hungry	Hambriento
Idea	Idea
Light	Ligero
Meet	Encontrarse
Movie	Película
Nearby	Cerca
Open	Abierto
Outing	Salida
Plan	Plan
Prefer	Preferir
Romantic	Romántico
Trendy	Moderno
Type	Tipo
Vibe	Ambiente
Waiter	Mesero

192   Dichos en inglés

CUENTO 4: A Journey to Spain: Adventures of a 12-year-old Explorer

Once upon a time, in a bustling city, lived a curious 12-year-old boy named Daniel. Daniel had always dreamed of traveling to distant lands and experiencing new cultures. His wish came true one summer when his family decided to embark on a journey to Spain.

Excitement filled Daniel's heart as they boarded the plane bound for Madrid. The moment they landed, Daniel's eyes sparkled with wonder as he took in the sights and sounds of this vibrant city. Their first stop was to indulge in the delicious flavors of Spanish cuisine at a quaint restaurant tucked away in a cobblestone alley.

As Daniel savored each bite of paella and tapas, he couldn't help but marvel at the rich blend of flavors and spices. The friendly waiter even taught him a few words in Spanish, adding to his growing list of discoveries.

The next day, they visited the famous Prado Museum, home to countless masterpieces by renowned artists such as Velázquez and Goya. Daniel's eyes widened in amazement as he gazed upon the intricate brushstrokes and vivid colors of each painting. He felt as though he had stepped into a magical world where art came to life.

But the adventure didn't stop there. Daniel and his family explored the historic streets of Toledo, marveled at the grandeur of the Alhambra in Granada, and basked in the beauty of Barcelona's iconic architecture.

Every moment was a new adventure, from wandering through bustling markets to marveling at ancient ruins. Along the way, Daniel soaked up knowledge like a sponge, eager to learn about Spain's rich history and vibrant culture.

But perhaps the most memorable part of Daniel's journey was the friendships he formed along the way. From sharing laughs with fellow travelers to bonding with locals over shared experiences, Daniel discovered that no matter where you go, kindness and friendship know no boundaries.

As their time in Spain came to an end, Daniel felt a bittersweet pang in his heart. He had experienced so much in such a short time, but he knew that the memories of his journey would stay with him forever. And as they boarded the plane back home, Daniel closed his eyes, knowing that this was just the beginning of his adventures around the world.

Choose the appropriate option.

1. What sparked Daniel's curiosity and made him dream of traveling to distant lands?
   a) New cultures
   b) New friends
   c) New foods

2. What did Daniel do at the restaurant during the first stop of his journey to Spain?
   a) Tried paella and tapas
   b) Learned to dance flamenco
   c) Bought souvenirs at a gift shop

3. What amazed Daniel at the Prado Museum?
   a) The architecture of the building
   b) The masterpieces by famous artists
   c) The panoramic views of the city

4. What other cities did Daniel visit on his trip to Spain?
   a) Valencia and Seville
   b) Bilbao and Malaga
   c) Toledo and Barcelona

5. What did Daniel discover about friendship during his journey?
   a) a) That no matter where you go, there are always kind people
   b) b) That it's difficult to make friends in a foreign country
   c) c) That you can only make friends with people of the same age

Speak Abroad
Academy

GLOSSARY	
English	**Spanish**
Adventure	Aventura
Along	A lo largo de
Architecture	Arquitectura
Art	Arte
Beauty	Belleza
Bite	Bocado
Blend	Mezcla
Bittersweet	Agridulce
Boarded	Abordaron
Bonding	Vinculación
Brushstrokes	Pinceladas
Basked	Disfrutaron
Cobblestone	Adoquinado
Closed	Cerró
Countless	Incontables
Gazed	Miró
Grew	Creció
Heart	Corazón
Home	Hogar
Iconic	Icónico
Indulge	Indulgar
Intricate	Intrincado

GLOSSARY	
English	**Spanish**
Curious	Curioso
Cuisine	Cocina
Distant	Distante
Discoveries	Descubrimientos
Embark	Embarcarse
Excitement	Emoción
Experienced	Experimentado
Felt	Sintió
Filled	Llenó
Flavors	Sabores
Formed	Formaron
Found	Encontró
Friends	Amigos
Friendships	Amistades
Grandeur	Grandeza
Journey	Viaje
Kindness	Amabilidad
Week	Semana
Where	Donde
Wonder	Maravilla
World	Mundo

CUENTO 5: Lucas's Hygiene Journey: Finding Freshness and Friendship

Once upon a time, there was a 12-year-old boy named Lucas who had a peculiar aversion to personal hygiene. Lucas simply didn't enjoy bathing, brushing his teeth, or engaging in any activities related to staying clean and fresh.

Lucas always came up with clever excuses to avoid bath time. He would say that the water was too cold or that he preferred playing with his toys instead of wasting time in the bathtub. His parents tried all sorts of tricks to convince him, from fun bath toys to catchy songs, but nothing seemed to work.

One day, while Lucas was playing at the park with his friends, something unusual happened. A group of kids approached him and started pointing and whispering among themselves. Lucas felt uncomfortable and realized that he had a strong body odor. His friends looked at him with some discomfort.

Lucas felt embarrassed and sad at that moment. He didn't want to be known as "the kid who smells bad." That night, he reflected on what had happened and realized that his lack of hygiene was affecting his relationships with others.

He decided to turn things around and start taking care of his personal hygiene. He began by establishing a daily bathing routine, using his favorite soap and shampoo. He discovered that warm water and fun bubbles made bath time more enjoyable.

Next, Lucas tackled the challenge of brushing his teeth. He remembered how important it was to maintain a healthy and bright smile. He bought a toothbrush with a colorful design and strawberry-flavored toothpaste to make it more fun. Gradually, brushing his teeth became a habit he enjoyed.

Over time, Lucas realized that his new personal hygiene routine not only improved his appearance but also made him feel more confident and fresh. His friends noticed the change and started enjoying his company even more.

One day, Lucas shared his experience with his friends at the park. He told them how he had overcome his aversion to hygiene and how it had improved his life. His friends listened attentively, and some admitted that they also struggled with personal hygiene. Together, they decided to encourage each other and make hygiene a fun and exciting habit.

From that day on, Lucas became an advocate for personal hygiene among his friends. He even created a small club where they shared tips on staying clean and fresh.

Lucas' story demonstrated that personal hygiene is not only important for health but can also improve relationships and self-confidence. From that moment on, Lucas and his friends enjoyed adventures filled with fun and cleanliness as they learned to value personal care.

Choose the appropriate option.

1. What was Lucas's attitude towards personal hygiene at the beginning of the story?
    a)   He enjoyed bathing and brushing his teeth regularly.
    b)   He had a strong aversion to personal hygiene activities.
    c)   He was indifferent and didn't care about hygiene.
    d)   He was too busy playing with his toys to bother with hygiene.

2. How did Lucas's friends react when the group of kids noticed his body odor at the park?
    a)   They laughed and made fun of him.
    b)   They looked at him with some discomfort.
    c)   They approached him with concern and whispered among themselves.
    d)   They complimented him on his new perfume.

3. What made Lucas decide to change his attitude towards personal hygiene?
    a)   His parents threatened to take away his toys if he didn't start bathing.
    b)   His friends refused to play with him until he started practicing better hygiene.
    c)   He felt embarrassed and sad when some kids noticed his body odor at the park.
    d)   He realized that he could use his aversion to hygiene as an excuse to avoid chores.

4. How did Lucas improve his bathing routine?
    a)   He switched to cold water to make bathing more invigorating.
    b)   He started using his favorite soap and shampoo and added fun bubbles to his baths.
    c)   He stopped taking baths all together and opted for quick showers instead.
    d)   He asked his parents to bathe him like they did when he was younger.

5. What did Lucas do to make brushing his teeth more enjoyable?
    a)   He bought a toothbrush with a plain design and used regular toothpaste.
    b)   He brushed his teeth twice a day, but only when his parents reminded him.
    c)   He switched to a toothbrush with a colorful design and flavored toothpaste.
    d)   He avoided brushing his teeth altogether and relied on breath mints instead.

GLOSSARY	
English	**Spanish**
Activities	Actividades
Admitted	Admitieron
Advocate	Defensor
Aversion	Aversión
Bathing	Bañarse
Bright	Brillante
Brushing	Cepillado
Catchy	Pegajoso
Change	Cambio
Clever	Ingenioso
Club	Club
Company	Compañía
Confidence	Confianza
Enjoyed	Disfrutaron
Enjoyable	Agradable
Exciting	Emocionante
Experience	Experiencia
Fresh	Fresco
Fun	Divertido

GLOSSARY	
English	**Spanish**
Habit	Hábito
Healthy	Saludable
Improved	Mejoró
Importance	Importancia
Indifferent	Indiferente
Maintain	Mantener
Memories	Recuerdos
Personal	Personal
Practice	Practicar
Reflection	Reflexión
Relationships	Relaciones
Routine	Rutina
Sad	Triste
Self-confidence	Autoconfianza
Smell	Olor
Struggled	Lucharon
Tips	Consejos
Toothbrush	Cepillo de dientes
Value	Valor

CUENTO 6: A Delightful Dining Experience: Conversations and Cuisine

Customer 1:   Excuse me, waiter. Could we have a menu, please?

Waiter: Of course, here are the menus. Are you ready to order or would you like some time to decide?

Customer 2:   Thank you. I think we need a few more minutes to decide. Is that alright?

Waiter: Absolutely, take your time. Just let me know when you're ready.

Customer 3:   I'm in the mood for some soup. Do you have any options available?

Waiter: Yes, we have a delicious tomato basil soup and a hearty chicken noodle soup. Which one would you prefer?

Customer 1:   I'll have the chicken noodle soup, please. It sounds perfect for today.

Customer 2:   I'll go with the tomato basil soup. I love its rich flavor.

Customer 3:   I changed my mind. I'll have the tomato basil soup as well.

Waiter: Alright, two tomato basil soups and one chicken noodle soup. Anything else I can assist you with?

Customer 1:   Could you recommend a vegetarian main course?

Waiter: Certainly! Our roasted vegetable pasta is a popular choice among vegetarians. It's tossed with fresh herbs and a light olive oil sauce.

Customer 2:   That sounds delicious. I'll have the roasted vegetable pasta, please.

Customer 3:   I'll have the same. It sounds like a satisfying option.

Customer 1:   I'm craving a juicy steak today. What do you recommend?

Waiter: Our sirloin steak is tender and flavorful. It comes with a side of mashed potatoes and grilled vegetables.

Customer 1:   Perfect. I'll have the sirloin steak, medium-rare, please.

Waiter: Noted. And for drinks, what would you like?

Customer 2:   I'll have a glass of red wine, please.

Customer 3:   I'll have sparkling water, please.

Customer 1:   I'll have a lemonade, please.

Waiter: Very well. I'll bring your drinks and soups first, and then your main courses.

***

Customer 1:	This steak is cooked to perfection. It's so tender and flavorful.
Customer 2:	I'm glad you're enjoying it. The roasted vegetable pasta is delightful too. The flavors are so well-balanced.
Customer 3:	I agree. The tomato basil soup is delicious, and the pasta is cooked just right.
Waiter:	Is everything to your satisfaction?
Customer 1:	Yes, everything is excellent. Thank you.

***

Waiter:	Are you ready for the dessert menu?
Customer 2:	Actually, could we have the check, please? We're quite full.
Waiter:	Of course, let me bring it right away.

***

Customer 3:	Let's split the bill equally, shall we?
Customer 1:	That sounds fair. We had an enjoyable meal together.

***

Waiter:	Thank you for dining with us. Have a wonderful evening!
Customer 2:	Thank you for the great service. Goodbye!
Customer 3:	Goodbye and take care!

Choose the appropriate option.

1. What did Customer 1 order for their main course?
   a. Chicken noodle soup
   b) Roasted vegetable pasta
   c) Sirloin steak

2. Which soup did Customer 2 choose?
   a) Tomato basil soup
   b) Chicken noodle soup
   c) French onion soup

3. What drink did Customer 3 request?
   a) Red wine
   b) Sparkling water
   c) Lemonade

4. How did Customer 1 describe the sirloin steak?
   a) Tender and flavorful
   b) Overcooked and tough
   c) Spicy and exotic

5. How did the customers decide to split the bill?
   a) Equally among all three
   b) Customer 1 pays for everything
   c) Each customer pays for their own meal

GLOSSARY	
English	**Spanish**
Absolutely	Absolutamente
Assisting	Asistiendo
Basil	Albahaca
Chicken	Pollo
Choice	Opción
Course	Plato
Craving	Antojo
Delicious	Delicioso
Delightful	Encantador
Decide	Decidir
Dessert	Postre
Drinks	Bebidas
Enjoy	Disfrutar
Recommendation	Recomendación
Satisfying	Satisfactorio
Service	Servicio
Sides	Acompañamientos
Satisfaction	Satisfacción
Split	Dividir
Steak	Bistec

GLOSSARY	
English	**Spanish**
Enjoyable	Agradable
Everything	Todo
Excellent	Excelente
Excuse	Disculpa
Flavor	Sabor
Food	Comida
Full	Lleno
Glass	Vaso
Goodbye	Adiós
Great	Excelente
Enjoying	Disfrutando
Quite	Bastante
Ready	Listo
Tender	Tierno
Thank you	Gracias
Together	Juntos
Vegetarian	Vegetariano
Well	Bien
Wonderful	Maravilloso

Speak Abroad
Academy

CUENTO 7: A Summer in Aruba: Family Adventures under the Sun

Carlos: Honey, I'm excited about our upcoming trip to Aruba! It will be great to enjoy a few days at the beach.

Laura: Yes, I'm excited too, but we need to decide what clothes to bring. The kids will need swimsuits and lightweight clothing.

Andrés (Boy): Yes! I want to bring my new swimsuit and build sandcastles on the beach!

Isabella (Girl): And I want to bring pretty dresses for the dinners!

Carlos: I agree with bringing swimsuits for everyday wear and something a bit more formal for the dinners. What do you think?

Isabella: Yes, pretty dresses! I want to look elegant at the dinners.

Laura: But, honey, sometimes we want to go to more casual restaurants in the evenings. Casual and comfortable clothing should be enough.

Andrés: I can wear T-shirts and shorts for the dinners! I'll still be comfortable and well-dressed.

Carlos: Well, we can compromise. Let's bring casual clothing and also something a bit more elegant for those special occasions.

Laura: That sounds fair. Additionally, we should bring hats, sunglasses, and sunscreen to protect ourselves from the sun.

Andrés: We can bring our caps and sunglasses! And let's not forget the sunscreen!

Isabella: Yes, we need to protect ourselves from the sun. And we should also bring comfortable clothes and suitable shoes for walking and exploring the island.

Carlos: I agree. And for you, Andrés and Isabella, we need to make sure you have enough swimsuits and fresh clothing. We should also bring beach toys for you to have fun in the sand.

Andrés: Yes! I'll bring my favorite beach toys and my floatie!

Isabella: And I'll bring my bucket and shovel to make sandcastles!

Laura: Great, kids. Let's make a list of everything we need to make sure we don't forget anything.

Carlos: Excellent idea. That way, we ensure that we have everything ready for our trip to Aruba. I'm excited to spend time as a family under the sun.

Laura: Me too. It will be a great opportunity to relax and enjoy the beauty of the island together.

Choose the appropriate option.

1. What clothing items did Carlos suggest bringing for the dinners in Aruba?
   a) Swimsuits
   b) Pretty dresses
   c) T-shirts and shorts
   d) Hats and sunglasses

2. What items did Laura mention as essential for sun protection?
   a) Beach toys
   b) Fresh clothing
   c) Hats and sunglasses
   d) Swimsuits

3. What did Andrés want to bring for beach activities?
   a) Pretty dresses
   b) Bucket and shovel to build sandcastles
   c) Floatie and beach toys
   d) T-shirts and shorts

4. What did Isabella want to wear for the dinners?
   a) Swimsuits
   b) Pretty dresses
   c) T-shirts and shorts
   d) Hats and sunglasses

5. What was the purpose of making a list?
   a) To decide on dinner options
   b) To plan beach activities
   c) To ensure sun protection
   d) To make sure nothing is forgotten

GLOSSARY	
English	Spanish
Agree	Estar de acuerdo
Beach	Playa
Beauty	Belleza
Bring	Traer
Build	Construir
Bucket	Cubo
Casual	Informal
Children	Niños
Clothes	Ropa
Comfortable	Cómodo
Compromise	Compromiso
Dinner	Cena
Elegant	Elegante
Enjoy	Disfrutar
Ensure	Asegurar
Excited	Emocionado
Fair	Justo
Family	Familia
Floatie	Flotador
Formal	Formal

GLOSSARY	
English	Spanish
Fun	Diversión
Great	Excelente
Hat	Sombrero
Island	Isla
Kids	Niños
Lightweight	Ligero
List	Lista
Protect	Proteger
Relax	Relajarse
Sand	Arena
Shovel	Pala
Sunglasses	Gafas de sol
Sunscreen	Protector solar
Swimsuit	Traje de baño
Together	Juntos
Trip	Viaje
Walking	Caminar
Well-dressed	Bien vestido
Wish	Deseo
Yourself	Tú mismo

CUENTO 8: Finding Our Way: Exploring the Train Station and Concert Plans

Emma: Hey, do you know how to get to the train station?

David: Yes, of course. Let's go to the exit and then turn right. The station is right next to the bus stop.

Sophie: Do you know what time the next train to Barcelona leaves?

Emma: I think it leaves at 12:30 p.m., but we can ask at the ticket counter to be sure.

David: By the way, do you know where I can buy tickets for tonight's concert?

Sophie: Yes, there's a ticket booth right next to the main entrance. We can stop by there before taking the bus.

Emma: And where can we catch the bus?

David: The bus stop is at the end of this street. We just have to cross the street, and it will be on our left.

Sophie: If we prefer to take a taxi, there's a taxi stand right across the street from the station. We can catch one from there.

Rebecca: Hi there! How can I assist you today?

Emma: We're looking for tickets to Barcelona. Can you tell us when the next train departs?

Rebecca: Of course! The next train to Barcelona leaves at 12:30 p.m., just as you mentioned earlier. Would you like me to reserve seats for you?

David: That would be great, thank you!

Sophie: While we're here, do you happen to know where we can find a restroom?

Rebecca: Certainly! The restrooms are located near the station's entrance, to the left of the ticket booth.

Emma: Perfect, thank you so much for your help, Rebecca.

Rebecca: You're welcome! Enjoy your trip to Barcelona and have a fantastic time at the concert!

Alex: Well, well, well, look who I found at the train station! Emma, David, Sophie! Long time no see!

Emma: Alex, what a surprise! It's been ages! What are you doing here?

Alex: I'm actually heading to the concert too. I managed to get my hands on some tickets. Are you guys going as well?

David: Yes, we are! It's going to be an amazing night!

Sophie: It's so great to see you, Alex. We should catch up more after the concert.

Alex: Absolutely! I can't wait to hear all about your adventures. Let's exchange numbers, so we can meet up later.

Choose the appropriate option.

1. Where is the ticket booth located at the train station?
    a) Next to the exit
    b) Behind the restrooms
    c) Near the main entrance
    d) Across the street

2. What time does the next train to Barcelona leave?
    a) a) 11:00 a.m.
    b) b) 12:30 p.m.
    c) c) 2:15 p.m.
    d) d) 3:45 p.m.

3. Where can you catch a taxi/cab near the train station?
    a) a) Next to the bus stop
    b) b) Behind the ticket booth
    c) c) Across the street
    d) d) Inside the station

4. Where can you find the nearest restroom at the train station?
    a) a) To the left of the ticket booth
    b) b) Next to the exit
    c) c) Behind the bus stop
    d) d) Inside the train platform

5. Who did the group unexpectedly meet at the train station?
    a) a) Rebecca, the station employee
    b) b) Alex, an old friend
    c) c) David, another traveler
    d) d) Sophie, a concert-goer

GLOSSARY	
English	**Spanish**
Across	Al otro lado
Amazing	Asombroso
Ask	Preguntar
Assist	Ayudar
Booth	Cabina
Bus	Autobús
Buy	Comprar
Concert	Concierto
Counter	Mostrador
Cross	Cruzar
Depart	Partir
Entrance	Entrada
Exit	Salida
Fantastic	Fantástico
Find	Encontrar
Help	Ayuda
Know	Saber
Left	Izquierda
Long	Largo

GLOSSARY	
English	**Spanish**
Look	Mirar
Near	Cerca de
Next	Siguiente
Number	Número
Perfect	Perfecto
Reserve	Reservar
Restroom	Baño
Right	Derecha
See	Ver
Station	Estación
Stop	Parada
Surprise	Sorpresa
Taxi	Taxi
Tell	Decir
Ticket	Boleto
Time	Hora
Today	Hoy
Trip	Viaje
Wait	Esperar

YOU DID IT!

Congratulations (¡Felicidades) por completar tu viaje a través de "Palabras y Frases en Inglés!" Al cerrar este libro, recuerda que has emprendido una increíble aventura lingüística, equipándote con herramientas esenciales para navegar con confianza en el mundo de habla inglesa. You can speak English now! (¡Ya se puede hablar el inglés!)

En estas páginas, has explorado el emocionante mundo del idioma inglés, desde los conceptos básicos fundamentales de la conversación diaria hasta expresiones sofisticadas que te permiten expresarte con fluidez y comprender mejor la cultura angloparlante. Cada capítulo te ha llevado a adentrarte en el vocabulario y la gramática, mejorando tus habilidades y ampliando tus horizontes lingüísticos.

Al cerrar este libro, lleva contigo la confianza para participar en conversaciones, establecer conexiones y explorar nuevas oportunidades. Ya sea viajando al extranjero, conociendo nuevas personas o expresándote claramente, recuerda que tu aventura con el inglés apenas comienza.

Be proud (Siéntete orgulloso) de tus logros lingüísticos, y que tus futuras experiencias están llenas de happiness, connections, and enjoyment (alegría, conexiones y disfrute.)

RESPUESTAS

LECCIÓN 01

1.1 Práctica

A	1. we	2. he	3. they	4. you	5. you	6. they	7. we	8. it	9. I	10. she	11. you
B	1. I	2. We	3. You	4. You	5. They	6. You	7. You	8. He		9. They	10. It
C	1. He, Él	2. They, Ellos	3. You, Ustedes	4. You, Ustedes	5. We, Nosotros	6. He, Él	7. She, Ella	8. They, Ellas		9. It, Es	10. They, Ellos

1.3 Práctica

A	1. b	2. f	3. d	4. c	5. g	6. h	7. i	8. a	9. j	10. e
B	1. I		2. F		3. I		4. I		5. F	
C	1. e	2. a,c	3. d	4. a,c	5. a,c	6. a,c	7. b	8. a	9. j	10. e
D	1. b		2. c,e		3. c,e		4. a		5. d	
E	1. How are you?/ How's it going?		2. and you?		3. good		4. See you		5. Goodbye/ Bye/ Later	

LECCIÓN 02

2.1 Práctica

A	1. books	2. mice	3. children	4. teeth	5. men
	6. woman	7. leaves	8. tomatoes	9. countries	10. pennies
B	1. radio	2. potato	3. watch	4. women	5. goose
	6. church	7. taxi	8. table	9. hero	10. glass
C	1. children	2. trees	3. apples	4. lions	5. fish
	6. airplanes	7. cars	8. kids	9. chickens	10. flowers
D	1. cats	2. books	3. ducks	4. coins	5. strawberries
	6. shoes	7. wolf	8. children	9. geese	10. deer

2.2 Práctica

A	1. a	2. an	3. an	4. a	5. an	6. a	7. an	8. an	9. an	10. a
B	1. an	2. a	3. an	4. a	5. a	6. an...a	7. a	8. an	9. an	10. an

2.3 Práctica

A	1. The	2. The	3. The	4. A	5. The	6. An	7. The	8. A	9. The	10. The
B	1. The	2. an	3. a	4. a	5. a	6. a	7. an	8. a	9. a	10. a

LECCIÓN 03

3.1 Práctica

A	1. sleepy	2. pretty	3. big	4. cold	5. fast
	6. interesting	7. happy	8. tall	9. colorful	10. delicious
B	Respuestas puedan variar. 1. c, d, e, g, f	2. a, c, e, g	3. c, g, i, j	4. c, e	5. f, g
	6. b, c, f, g, i	7. a, c, e, g	8. a, b, b, e, g, i g	9. a, b, c, g, i	10. b, c, e, g, h, i
C	1. tall	2. poor	3. loyal	4. beautiful	5. difficult
	6. good	7. happy	8. interesting	9. strong	10. weak
D	1. baja	2. excelente	3. chico/pequeño	4. amigable	5. viejo
	6. inteligente	7. fuerte	8. trabajador	9. gordo	10. malo

3.2 Práctica

A	1. smart, beautiful	2. cheerful, interesting	3. big, interesting	4. good, nice	5. bad, white
	6. nice, cheerful	7. delicious, fluffy, creamy	8. sleek, fast	9. beautiful, breathtaking, amazing	10. interesting, informative
B	1. new, Italian, red	2. warm, blue, cottony	3. small, pink, plastic	4. small, old, comfortable	5. big, white, modern
	6. juicy, red, delicious	7. expensive, beautiful, silver	8. fast, blue, German	9. long, deserted, sandy	10. tall, young, skinny
C	1. I want to buy a new big red car.	2. She has a little cute white dog.	3. OK	4. We stayed at a cozy, small, wooden cabin.	5. The store sells expensive, Italian, designer shoes.
	6. OK	7. She is a beautiful, slim, tall model.	8. We visited an impressive, historic, ancient castle.	9. He ordered a grilled, juicy, medium-rare steak.	10.OK

LECCIÓN 04

4.1 Práctica

A	Respuestas puedan variar. 1. loyal, smart, old	2. new, brown	3. smart, hardworking, interesting, happy, loyal	4. fast, new, brown	5. interesting, dark-skinned, fast, happy, smart, loyal, tall, rich
	6. expensive, old, new, cheap	7. delicious, brown	8. hardworking, interesting, happy, smart, old, loyal	9. expensive, old, new, cheap	10. hardworking, interesting, happy, smart, old, loyal
	11. interesting, difficult, new, easy	12. interesting, happy, smart, old, new	13. interesting, fast, hardworking, rich, tall, happy	14. new, old, brown, tall, expensive	15. interesting, old, new, difficult, easy

B	1. yellow	2. blue	3. orange	4. white	5. black	6. gray	7. green	8. pink	9. brown	10. red

C	1. Canadian	2. Irish	3. German	4. Chilean	5. Argentinian
	6. English	7. Colombian	8. Spanish	9. New Zealander	10. Austrian

D	1. American	2. French	3. English		4. Italian	5. Spanish
	6. Italian	7. Indian	8. English		9. Russian	10. Australian
E	1. Spanish	2. French	3. English	4. Italian	5. Spanish	6. American

4.2 Práctica

A	1. This shirt is cute.	2. These shoes are expensive.	3. This sweater is made of wool.	4. These dresses are silk.	5. These pants are cheap.
B	1. That blouse is white.	2. That t-shirt is red.	3. Those skirts are short.	4. That jacket is very cheap.	5. Those sneakers are beautiful.

4.3 Práctica

A	1. Who is this doctor? This doctor is a cardiologist.	2. That planet is very big.	3. This house is beautiful.	4. That train is big.	5. This motorcycle is new.
	6. That young man is nice.	7. The student is this boy.			
B	1. Is this girl happy? (cerca) /No, this girl is unhappy.	2. Are those boys rich? (lejos) / No, those boys are poor.	3. Is this dog ugly? (cerca) / No, this dog is cute.	4. Are those buildings old? (cerca) / No, those buildings are new.	5. Are these women kind? (cerca) / No, these women are mean.
	6. Are those girls strong? (lejos) / No, those girls are weak.	7. Is that house big? (lejos) / No, that house is small.	8. Is that boy tall? (lejos) / No, that boy is short.		

4.4 Práctica

A	1. That house is very large.	2. That building is the post office and that tree is very old.	3. That street is new, and those dogs are bad.	4. That avenue is wide. That street is new and those houses are old.
B	1. This system is excellent.	2. These fish stores are expensive.	3. This city is beautiful.	4. This theater is small.
	5. These offices are new.	6. These cars are yellow.		

LECCIÓN 05

5.1 Práctica

A	1. Ryan is from Canada.	2. Thomas is from France.	3. They are in New York.	4. They are tourists.	5. The lady is from the USA.
B	1. Luciano Pavarotti is from Italy. He is Italian.	2. Frida Kahlo is from Mexico. She is Mexican.	3. Johnny Depp is from the United States. He is American.	4. Albert Einstein is from Germany. He is German.	5. Coco Chanel is from France. She is French.
	6. Rafael Nadal is from Spain. He is Spanish.	7. Cristiano Ronaldo is from Portugal. He is Portuguese.	8. Paul McCartney is from England. He is English.		

C	1. Mick Jagger is English. (identification)	2. This table is 180 years old. (age)	3. We are from Colombia. (origin)	4. He is 20 years old. (age)	5. The food is for the girl. (for whom something is intended)
	6. It is Monday. (day of the week)	7. Marcos and Luis are lawyers. (profession)	8. The party is at the club. (where an event takes place)	9. That is Maria's dog. (possession)	10. The book is yellow. (description)
	11. It is February 14th. (date)				

D	1. is	2. are	3. are	4. are	5. are	6. is	7. are	8. is	9. are	10. is

E	1. They are from Germany.	2. You and Alejandra are from Argentina.	3. You are from Colombia.	4. We are from Mexico.	5. I am from France.	6. Felipe is from Brazil.

F	1. are	2. am	3. are	4. is	5. are	6. are	7. are	8. is	9. are	10. is

G	1. It is three o'clock in the afternoon.	2. It is the 1st of May.	3. It is November 3rd.	4. It is Wednesday.	5. It is ten o'clock in the morning.	6. It is Sunday.

H	Yes, I am nice.	2. Yes, I am a student.	3. Yes, Mariana's house is small.	4. Elena is from England.	5. Denise and Leo are intelligent.	6. It is 4:00 p.m.

5.2 Práctica

A	1. are (ubicación)	2. is (salud)	3. are (estado emocional)	4. is (cambio de condición)	5. are (ubicación)
	6. is (opinión)	7. are (estado emocional)	8. are (condición)		

B	B. 1. is; El libro está en la estantería.	2. is; La computadora está al lado de la impresora.	3. is; El coche está en el garaje.	4. is; La taza de café está sobre la barra.	5. are; Las flores están en el jarrón.
	6. is; Él está enfermo.	7. is; Ella está bien.	8. are; Ellos están sanos.	9. are; Nosotros estamos agotados.	10. are; Tú/Usted/ Ustedes/ Vosotros(as) estás/está/están/ estáis bien.
	11. am; Yo estoy triste.	12. is; Él está enfadado.	13. is; Ella está emocionada.	14. are; Nosotros estamos aburridos.	15. are; Tú/ Usted/Ustedes/ Vosotros(as) estás/ está/están/estáis nervioso(as)
	16. is; La película es aburrida.	17. is; El clima está frío.	18. is; La música está alta.	19. is; La habitación está desordenada.	20 is; La camisa está limpia.
	21. is; Él está convencido.	22. is; Ella está dudosa.	23. are; Ellos están confiados.	24. are; Nosotros estamos seguros.	25. are; Tú/ Usted/Ustedes/ Vosotros(as) estás/ está/están/ estáis escéptico(as).

C	1. Tim is Spanish.	2. The restaurant is closed.	3. Jason's daughters are blond and smart.	4.The problem is very easy.	5. The book is interesting.
	6. You are angry.	7. The banana is yellow.	8. We are happy.	9. The picture is on the chair.	10. The coffee mug is on the counter.

5.3 Práctica

1. in	2. on	3. at	4. at	5. on	6. at	7. in	8. on	9. on	10. at	11. in	12. at

LECCIÓN 06

6.1 Práctica

A	1. have	2. have	3. have	4. has	5. have	6. has	7. has	8. have	9. have	10. has
B	1. many	2. much	3. many	4. many	5. many	6. many	7. many	8. much	9. many	10. much
C	1. few	2. little	3. little	4. little	5. few	6. little	7. little	8. few	9. little	10. little

6.2 Práctica

A	1. are	2. am	3. are	4. are	5. are	6. is	7. is	8. are	
B	1. X	2. X	3. ✔	4. ✔	5. X	6. X	7. X	8. X	
C	1. We are sixty years old.		2. You are forty years old.		3. OK		4. OK		
	5. You are fifteen years old.		6. Mary is six years old.		7. You and Miguel are seventy years old.		8. Josefina is twenty-three years old.		
D	1. have	2. have	3. has	4. have	5. have	6. has	7. have	8. have	9. has	10. has

LECCIÓN 07

7.1 Práctica

1. He has one restaurant.	2. The professor has one pencil.	3. We have one cat.	4. One, two, three, four
5. One beautiful woman	6. One yellow flower	7. One ice-cream, please.	8. They have one sofa.

7.2 Práctica

A	1. X There is a carpet in the house.	2. X There are tigers in the zoo.	3. ✔	4. ✔	5. X There are offices in the building.	6. ✔
	7. X There are tourists in the city.	8. X There are people in the movie theater.				
B	1. ¿Hay flores en el jardín?	2. ¿Hay sillas en la oficina?	3. ¿Hay gatos en la calle?		4. ¿Hay hoteles en la ciudad?	5. ¿Hay una televisión en la casa?
	6. ¿Hay doctores en el hospital?	7. ¿Hay un perro en el coche?	8. ¿Hay una radio en el coche?		9. ¿Hay dos mujeres en la pescadería?	10. ¿Hay mesas en el restaurante?
C	1. There are not enough animals in the zoo.	2. There are not a lot of children in the park.	3. There is not a public telephone on the street.	4. There are not a lot of people in the restaurant.	5. There is not a good hotel in town.	6. There are not many planets in the sky.
D	1. is	2. there is	3. is	4. is	5. there are	6. there are
	7. Is there	8. is	9. is	10. There is		

7.3 Práctica

A	1. it is warm, it is hot	2. it is cold		3. there is wind, it is windy	4. it is sunny		5. there is rain, it is rainy
	6. there is snow, it is snowy	7. it is cloudy, there are clouds					
B	1. make	2. make	3. do	4. do	5. makes	6. does	7. do

8. make	9. do	10. makes	

7.4 Práctica

A	1. how many	2. how much	3. how many	4. how many	5. how many	6. how much
B	1. There are seven days in a week.	2. There are four weeks in a month.	3. There are 365 days in a year.	4. There are two days in a weekend.	5. There are twenty-eight days in the month of February.	6.There are five fingers on my hand.
C	1. There are two universities in the city.	2. There are twenty apples in the basket.	3. There are twelve months in the year.	4. There is one Statue of Liberty in New York.	5. There are five fingers on the hand.	
	6. There is one nose on your face.	7. There are a lot of buildings in town.				

LECCIÓN 08

8.1 Práctica

1. know, Nosotros sabemos español.	2. know, Tú sabes el teléfono de Maria.	3. know, Ustedes saben la verdad.	4. know, ¿Elena sabe ese poema?	5. know, Yo sé el alfabeto.
6. knows, Laura sabe la lección.	7. know, Peter y Arthur saben matemáticas.	8. knows, Él sabe bailar el vals.	9. know, ellos saben tocar el piano.	10. know, Ella no sabe su nombre.

8.2 Práctica

A	1. know	2. knows	3. know	4. know	5. know	6. knows	7. know	8. knows
B	1. knows, conocer		2. know, saber		3. know, saber		4. know, saber	
	5. knows, conocer		6. know, saber		7. know, saber		8. know, saber	
C	Sherlock Holmes knows Watson		2. Ashton Kutcher knows Mila Kunis		3. Rhett Butler knows Scarlett O'Hara		4. Chris Martin knows Dakota Johnson	
	5. David Beckham knows Victoria Beckham		6. Adam knows Eve		7. Justin Bieber knows Hailey Bieber			
D	1. I know Professor White.		2. My sister and I know John's mother.		3. Maria and Luis know Sebastian.		4. You know Mrs. Robinson.	
	5. You know Aunt Julia.		6. Carlos knows Aunt Julia.		7. Martin and Elena know Aunt Julia.			

8.3 Práctica

1. meet	2. meets	3. meet	4. meet	5. meet	6. meet	7. meet	8. meet

8.4 Práctica

1. Novak Djokovic knows how to play tennis.	2. LeBron James knows how to play basketball.	3. Tiger Woods knows how to play golf.	4. J. K. Rowling knows how to write novels.	5. Lionel Messi and Cristiano Ronaldo know how to play soccer.
6. Taylor Swift knows how to sing.	7. Michael Phelps knows how to swim.	8. Shakira knows how to dance.	9. Meryl Streep knows how to act.	10. Simon Biles knows how to do gymnastics

LECCIÓN 09

9.1 Práctica

| A | A. En el mercado
LUISE: Buenos días, ¿tiene bananas?
TENDERO: Buenos días. Sí, tengo bananas.
LUISE: Ah, ¿cuánto cuestan?
TENDERO: Cuesta 2 dólares la libra.
LUISA: Muy bien. Necesito comprar dos libras.
TENDERO: Está bien. Aquí tiene.
LUISA: Muchas gracias. Adiós. | | | | |

B	1. sit	2. eats	3. need	4. looks	5. take
	6. prepares	7. fixes	8. travel	9. explain	10. drink

C	1. living room	2. dining room	3. kitchen	4. cup	5. refrigerator

D	1. false, Marcos is a student.	2. false, Marcos studies at the library.	3. true	4. false, The exam is very difficult.	

E	1. works	2. watch	3. look	4. teaches	5. buy
	6. take	7. explain	8. fixes		

9.2 Práctica

A	1. talks	2. talk	3. talks	4. talk	5. talk
B	1. speaks	2. speak	3. speaks	4. speak	5. speak
C	1. speaks - talk, speaks	2. speak - talk	3. speaks - talks	4. speak - speak	5. talks, speaks
	6. speaks				
D	1. speaks	2. speak	3. speaks, talks	4. talk	5. speak
	6. speaks	7. speak	8. speaks	9. talk	10. speaks

9.3 Práctica

A	1. No, there are fifteen people at the table.		2. Yes, they all work in the same office.		3. Yes, they have chicken and fish.		4. No, they have a big table.	
B	1. understand	2. turn on	3. runs	4. sell	5. eat	6. drink	7. read	8. learn

9.4 Práctica

1. share	2. climb	3. lives, lives	4. open	5. receive	6. write	7. discuss	8. decide

LECCIÓN 10

10.1 Práctica

A	1. It is ten past nine.	2. It is five past six.	3. It is twenty-five past seven.	4. It is a quarter past twelve.
B	1. It is a quarter to four.	2. It is eleven.	3. It is half past one.	4. It is five to seven.
	5. It is a quarter past eight.	6. It is twenty past nine.		
C	* Take note: respuestas puedan variar para la segunda oración. 1. It is eight o'clock. It's time for work.	2. It's ten o'clock. It's time to walk.	3. It's a quarter past one. It's time to eat.	4. It's half past four. It's time to go home.
	5. It's six o'clock. It's time to pick up my children.	6. It's eight o'clock. It's time for dinner.		

10.2 Práctica

A	1. It is at noon.	2. It is at four in the afternoon.	3. It is at eight in the morning.	4. It is at eleven in the morning.	5. It is at midnight.	6. It is at three in the afternoon.
B	1. At what time do we travel to Paris? At twelve o'clock.	2. At what time do we travel to Madrid? At one o'clock.	3. At what time do we travel to Prague? At half past five.	4. At what time do we travel to Lima? At a quarter past nine.	5. At what time do we travel to Buenos Aires? At a quarter to nine.	6. At what time do we travel to Washington? At twenty past five.
C	1. It is eleven o'clock.	2. It is half past eight.	3. It is eight o'clock in the morning.	4. It is about three in the afternoon.	5. It is half past ten.	6. It is half past five.
	7. It is twenty past seven.	8. It is twenty to one.	9. It is five to two.	10. It is twenty to six.	11. It is a quarter to eight.	12. It's a quarter past four.

10.3 Práctica

A	1. Monday is blue.	2. Sunday, Monday, Tuesday, Wednesday, Thursday, Friday and Saturday are mentioned. / Every day of the week is mentioned.	3. Yes he is happy. / Yes the singer is happy.	4. On Tuesday and Wednesday, you stay in bed. / On Tuesday and Wednesday, you can stay in bed.
B	1. At a quarter past four. (4:15)	2. At a quarter past nine. (9:15)	3. At half past ten. (10:30)	4. From Monday to Friday.	5. On Saturdays.	6. On Sundays.

10.4 Práctica

A	1. My birthday is on (aquí va tu respuesta).	2.The Independence Day of the United States is on July 4th.	3. Summer starts on June 21st in Europe.	4. Christmas is on December 25th.	5. New Year's Day is on January 1st.	
B	1. Flowers → spring.	2. Sun → summer.	3. Dry leaves → autumn/ fall.	4. Heat → summer.	5. Wind → autumn/fall.	6. Ice → winter.

LECCIÓN 11

11.1 Práctica

A	1. No, Teresa does not want to eat anything.	2. No, Teresa does not want anything to drink.	3. No, Theresa does not want anything.	4. No, Teresa never eats dinner at night.	
B	1. nothing	2. no one	3. none	4. never	5. neither
	6. something	7. someone	8. some	9. always	10. either
C	1. Do you have any fruit?	2. Do you have any sweaters?	3. I don't have any shirts.	4. Did you buy a blouse?	5. No, I didn't buy any blouses.
	6. Are there some boys in the pool?	7. No, there aren't any boys in the pool.	8. Do you have any cats at home?	9. No, I don't have any cats at home	10. Do you have any suitcases in the car?
	11. No, I don't have any suitcases in the car.				
D	1. Yes, there is something. No, there is nothing.	2. Yes, there is something. No, there is nothing.	3.Yes, there is something. No, there is nothing.	4. Yes, there is something. No, there is nothing.	5. Yes, there is something. No, there is nothing.	6. Yes, there is something. No, there is nothing.
E	1. Yes, there is someone. No, there is nobody.	2. Yes, there is someone. No, there is nobody.	3.Yes, there is someone. No, there is nobody.	4. Yes, there is someone. No, there is nobody.	5. Yes, there is someone. No, there is nobody.	6. Yes, there is someone. No, there is nobody.
F	1. Yes, there are some. No, there are none.	2. Yes, there are some. No, there are none.	3. Yes, there are some. No, there are none.	4. Yes, there are some. No, there are none.	5. Yes, there are some. No, there are none.	6. Yes, there are some. No, there are none.
G	1. There is nothing delicious in the kitchen.	2. I have no flowers in my garden.	3. Maria never studies at home nor at school.	4. Sofia never studies the lesson.	5. They put nothing in the car.	6. They never welcome their friends.
	7. They have no bananas in that supermarket.					
H	1. nothing	2. never 3. or	4. nothing	5. Nobody	6. either	7. no 8. No
I	1. No, nothing.	2. No, nothing.	3. No, none.	4. No, never.	5. No, none.	6. No, none.
	7. No, none.	8. No, never.	9. No, none.	10. No, none.		
J	1. He is never sad.	2. There are no sports games to watch today.	3. Maria doesn't need to buy books, either.	4. This supermarket is kind of big.	5. No one is studying in the library.	6. No girls dance at school.
	7. Joe always buys milk.	8. Martin never drinks water.	9. You never clean the house.	10. I know none of his friends.		

LECCIÓN 12

12.1 Práctica

A	1. María and Inés	2. There are ten or eleven children.	3. Get the key and try to open the door.	4. He calls us and invites us.	5. She saw something or heard a noise.	6. She knows how to read and write very well.
B	1. and 2. or	3. but	4. or	5. and	6. but	7. or 8. but
C	1. but	2. but	3. but	4. however	5. even though	6. even though
D	1. because	2. but	3. although	4. neither... nor	5. and	6. both... and
	7. and	8. so	9. however			

12.2 Práctica

A	1. Peter and Bobby don't know if their friends are coming back.	2. Myrtle asks if there is an exam tomorrow.	3. Joseph decides whether to climb Mount Fitz Roy or not.	4. You don't know if Paula needs anything for the party.	5. You ask if the employees are working well.	6. You decide whether to drink coffee or tea.
B	1. She knows that we live on Gold Street.	2. John thinks that we travel all year round.	3. I think that Mr. Ortiz fixes ovens.	4. Joana says that Joseph likes to eat.	5. The teacher tells us that it's late.	6. The mother says that the children need new pencils.
C	1. I like it that my children tidy up after themselves.	2. Although I work a lot, I earn little.	3. It is sunny but it's cold.	4. Martin thinks that it's too windy to run.	5. The greengrocer explains that the tomatoes are green.	6. You're early because you leave early.

12.3 Práctica

A	1. some	2. so many	3. many	4. another	5. Several, many	6. each	7. some	8. all

B	1. Ella tiene muchos perros y gatos.	2. María tiene varias hijas, pero no tiene hijos.	3. Tanto Luis como Juan tienen pocos amigos.	4. Ella no lee ni revistas ni periódicos.	5. Él conoce otros países porque viaja mucho.
	6. Él tiene el mismo coche que Laura.	7. Él conoce cada calle de París, pero no conoce su propia ciudad.	8. Ella habla algunos idiomas, pero no inglés.	9. Es la misma amistad, aunque somos más viejos.	10. Todos los idiomas son útiles, aunque algunos son más útiles que otros.

C	1. No day is beautiful.	2. I have many sorrows.	3. There are so few beautiful things in life.	4. I have few friends
	5. Every day is bad./ Certain days are good.	6. Every task is impossible.		

LECCIÓN 13

13.1 Práctica

A	1. Nos gusta la carne.	2. A ti te gusta el café./ A usted le gusta el café.	3. A ustedes les gustan el pastel.	4. A ellos les gustan las cebollas.	5. A John y a Matthew les gustan la leche.	6. A mí me gustan las naranjas.
	7. A ti te gustan las manzanas.	8. A Jim le gusta la lechuga.	9. A Helen le gusta el pescado.			
B	1. I like the car.	2. They like onions.	3. We don't like reading.	4. You (sing.) like bananas.	5. You all (fam.pl) like working.	6. Marcos likes studying.
	7. Elsa likes tomatoes.	8. My father likes to eat.	9. My mother likes fish.	10. The boys don't like milk.	11. Maria likes chicken.	
C	1. We like to run.	2. Kids don't like vegetables.	3. I like those shoes.	4. Luis and Teresa like parties.	5. Elena likes to play the piano.	6. I like fish.

D	(Las respuestas pueden variar) 1. I don't like Cristiano Ronaldo, although I like Leo Messi.	2. I don't like to eat pasta, but I like to eat hamburgers.	3. I don't like coffee; however, I do like tea.	4. I don't like the actress Judy Dench, but I like the actress Meryl Streep.	5. I don't like the tennis player Medvedev, but I like the tennis player Federer.	6. I don't like to study in the dining room, but I like to study in the library.
	7. I don't like cats, but I like dogs.	8. I don't like to travel by train; however, I like to travel by car.				
E	1. like	2. like	3. likes	4. like	5. like	6. likes
F	1. Do we like parties?	2. Does Teresa like her college?	3. Do they like to host people at their house?	4. Do I like to do yoga?	5. Do you like fish?	6. Do you like to travel?
G	1. We like to work.	2. You like to live alone.	3. He likes walks in the park on Saturdays.	4. Carolina and Luis like to climb mountains.	5. You like to invite friends over to your house.	6. They like to travel around the world.
H	1. I like candy.	2. You like bread	3. You like milk.	4. I like coffee.	5. They like oranges.	6. He likes meat.
I	1. The grandfather likes to cook.	2. The brother likes to surf.	3. The aunt likes to read books.	4. The cousins like to buy clothes/ to go shopping/ to go shopping for clothes.	5. The father likes to eat and drink.	6. The daughter likes to look for snails on the shore.
	7. The mother likes the tranquility.	8. The nephews like to run on the beach.				

13.2 Práctica

1. I would like a glass of water.	2. I want to sleep.	3. I would like to speak Spanish well.	4. I would like that green dress.	5. I want to fix the roof.

LECCIÓN 14

14.1 Práctica

A	1. in	2. with	3. of	4. of	5. with	6. in	7. from	8. with	9. from
B	1. on		2. with		3. from	4. from	5. with	6. with	
C	1. in		2. in		3. between	4. between	5. between	6. in	

14.2 Práctica

A	1. for		2. without	3. to	4. to	5. to	6. without	7. to		8. without
B	1. X		2. to		3. for		4. to	5. for		6. for
C	1. to, at		2. to	3. at	4. in		5. from	6. to	7. to	8. of
D	1. from		2. from		3. of		4. from	5. since		6. from

LECCIÓN 15

15.1 Práctica

A	1. grandfather	2. cousin	3. aunt	4. nephew	5. mother	6. sister, cousin, me
B	1. She is the mother of my mother or father.	2. He/She is the son/daughter of my aunt and uncle.	3. He is the brother of my mother or my father.	4. He/she is the child of the son or daughter of my grandmother or grandmother's son or daughter.	5. The son of my parents.	
C	1. elegant	2. prestigious	3. ancient 4. quiet		5. long and wide	6. varied.
D	1. My aunt is thin.	2. Her father is sporty.	3. Your grandmother is interesting.	4. Your nephews are single.	5. Your cousin is blond.	
	6. Our granddaughters are small.	7. My husband is handsome.	8. His sister is married.	9. Your mother is good.		
E	1. his 2. your	3. her 4. his	5. your 6. my	7. his/ her 8. her	9. his 10. their	
F	1. Your grandmother Marta is old/elderly.	2. Your father Roberto is a hard worker/a worker.	3. Your little brothers are naughty.	4. Your mother Julia is generous.	5. Your cousin Martin is thin.	
	6. Your aunt and uncle are nice.	7. Your niece Ana is pretty.	8. Your brother Paul is smart/ intelligent.			
G	Respuestas puedan variar: 1. My grandmother Marta is an old woman/old/elderly.	2. My father Roberto is a hard worker/ a worker.	3. My little brothers are naughty.	4. My mother Julia is generous.	5. My cousin Martin is thin.	
	6. My aunt and uncle are nice.	7. My niece Ana is pretty.	8. My brother Pablo is smart/ intelligent.			
H	1. Our avenues are long.	2. Our supermarkets are complete.	3. Our theaters are large.	4. Our parks are beautiful.	5. Our universities are prestigious.	
	6. Our museums are interesting.	7. Our restaurants are varied.	8. Our buildings are elegant.	9. Our monuments are ancient.		

15.2 Práctica

A	Las respuestas varían.	1. Sofia is less sporty than Teresa.	2. Susana is more introverted than Sofia.	3. Teresa is less studious than Susana.	
B	1. Martha is sportier than Laura.	2. Robert is less sporty than Martha.	3. Laura is more studious than Martha.	4. Robert is more introverted than Laura.	5. Laura is more extroverted than Robert.
	6. Martha is more dark-haired/brunette than Laura.	7. Martha is less serious than Robert.			
C	1. better	2. worse	3. better	4. younger	5. older
D	1. The best schools.	2. Alicia is younger than Paula.	3. It is the best restaurant in town.	4. Juan is older than Tom.	5. That museum is worse than that one.
E	1. better, worse	2. younger, older			

CUENTOS

Cuento 1: "Shopping at the Supermarket"

1. b) Tuesday	2. b) She wasn't feeling well	3. a) sweet red apples	4. a) Bananas	5. a) Mushroom Soup

Cuento 2: "Talking about Work and Leisure"

1. c) Nurse	2. d) Accountant	3. b) He works freelance and can manage his schedule	4. d) Tuesday	5. b) Playing Sports

Cuento 3: "Hanging Out"

1. c) Movies	2. a) Romantic Comedy	3. b) To a café	4. b) Get drinks and talk	5. c) Sophie's smile

Cuento 4: "A Journey to Spain: Adventures of a 12-Year-Old Explorer"

1. a) New cultures	2. a) Tried paella and tapas	3. b) The masterpieces by famous artists	4. c) Toledo and Barcelona	5. a) That no matter where you go, there are always kind people.

Cuento 5: "Lucas's Hygiene Journey: Finding Freshness and Friendship"

1. b) He had a strong aversion to personal hygiene activities.	2. b) They looked at him with some discomfort.	3. c) He felt embarrassed and sad when some kids noticed his body odor at the park.	4. b) He started using his favorite soap and shampoo and added fun bubbles to his baths.	5. c) He switched to a toothbrush with a colorful design and flavored toothpaste.

Cuento 6: "A Delightful Dining Experience: Conversations and Cuisine"

1. c) Sirloin steak	2. a) Tomato basil soup	3. b) Sparkling water	4. a) Tender and flavorful	5. a) Equally among all three

Cuento 7: "A Summer in Aruba: Family Adventures under the Sun"

1. b) Pretty dresses	2. c) Hats and sunglasses	3. c) b) Bucket and shovel to build sandcastles	4. b) Pretty dresses	5. b) To plan beach activities

Cuento 8: "Finding Our Way: Exploring the Train Station and Concert Plans"

1. c) Near the main entrance	2. b) 12:30 p.m.	3. c) Across the street	4. a) To the left of the ticket booth	5. b) Alex, an old friend